アメリカン・ミュージカル
と
その時代

日比野 啓

青土社

アメリカン・ミュージカルとその時代　目次

アメリカン・ミュージカルとその時代

凡例

本書における外国人氏名のカタカナ表記はできるだけ現地の発音に近いものにした。それはたとえば、Cyd Charisseを（誤って）慣用的に用いられてきたシド・チャリシーではなく、シッド・シャリースのように表記するというだけでなく、音の長さもなるべく揃えて、Audrey Hepburnをオードリー・ヘップバーンではなくオゥドリー・ヘッバーン、Steven Sondheimをスティーヴン・ソンドハイムではなくスティーヴン・ソンダイムと表記することも意味する。[1]

MLA（米国現代語学文学協会）マニュアルにならい、書誌情報は章末の引用文献で示し、文中での引用については洋書では著者名と横書きローマ数字によるページ数を、和書では著者名と縦書き漢数字によるページ数を示した。ただし、引用の前後で著者名が挙げられている場合は著者名を省略してある。また、電子書籍からの引用は著者名のみを挙げた。[2]

【註】

（1）ヘボン式ローマ字を考案したJames Curtis Hepburnが自らの名前をヘボンと書いたのは、子音のあとにかならず母音が伴う日本語の発音体系をよく知っていたからだ。原綴との字面上の整合性ではなく、日本語の表記を見たときにどのような音声が再現されるかを想像して、一つ余計なモーラ（拍）が入ってくるヘップバーンではなく、ヘボンを選んだ。同様に私はヘッバーン、ソンダイムと表記したい。アメリカン・ミュージカルの魅力の一つは、英語の強弱アクセントゆえに歌詞がリズムのうねりを持つことだ。その魅力をよく知るものにとって、Sondheimを近年のもっぱらの表記にならいソンドハイムと書くことには大いに抵抗を感じる。それではOscar Hammerstein IIはオスカー・ハマーシュティン二世でなくてよいのか、Leonard Bernsteinはレナード・バーンシュティンではないのか、という疑問も呈される向きもあるかもしれない。だが原綴の当該箇所に母音が入っている分「スタイン」と「シュティン」の音長の差は相対的に小さい。現地発音に完璧に忠実な表記はできないので、原綴において子音が連続するときにはその音長をできるだけ考慮した表記にする、ということにしたい。
（2）電子書籍は全文検索できるので、引用文（の一部）を検索窓に入力することで引用文の箇所（書籍中の位置）は特定できる、だから電子書籍の供給元（Kindle, NOOK, etc.）によって異なる表示方法を採用する当該引用箇所の位置情報は不要だ、というのがMLAの基本的な考えである。だが引用者が洋書を自分で日本語に翻訳して引用する場合は、原文を想像して検索することになるため、必ずしも引用文の箇所を特定できるとは限らない。この問題は本書では解決できなかった。著者名を挙げたので書誌情報だけは明らかになるものの、この点で読者のみなさんにご不便をかけることをお詫びする。

なお、既存の翻訳がないものは全て著者による日本語訳であるが、いちいち断っていない。既存の翻訳のあるものはなるべくそれを引用するようにしたが、どうしてもその訳に不満があったり、あるいは引用する際に重要な情報が抜け落ちている場合がある。その場合には自分で訳した。既存の翻訳を一部改訳するだけですんだものについてはそう断り書きをつけたが、ある箇所については既存の翻訳を、別の箇所についてはまるまる自分の訳を、という使い分けをしている際には、断り書きのかわりに横書きローマ数字によるページ数と縦書き漢数字によるページ数を入れることでその使い分けがわかるようにした。

序章

アメリカン・ミュージカルとは何だったか

1　はじめに

二〇世紀中葉にハリウッドとブロードウェイで製作された映画ミュージカル・舞台ミュージカルは、商業的成功を確実なものとするために、物語を語るうえであまり冒険しなかった。映画公開／舞台初演まで、脚本家だけでなくプロデューサー、作曲家、作詞家、監督（演出家）、俳優、美術や撮影・照明スタッフといった複数の人間が関わるから、その人々の間で一定の合意が得られるような登場人物の設定や性格、物語の展開と結末が最終的に採用される。撮影上・演出上の工夫はあっても、音楽やダンスが新機軸を取り入れたものであっても、俳優たちの演じる物語はほぼ定型を踏襲し、意外な展開や結末が観客を待ち受けていることはない。

そのような定型の物語として大半のアメリカン・ミュージカルはコメディの定石《フォーミュラ》を採用する。明治期に作られた訳語である「喜劇」が定着した日本では、コメディは笑いと結びつけられるが、コメディは本来その結末について定義される。ハッピー・エンディングだ。男と女が出会い、恋に落ち、最後に結ばれる。その過程で観客を笑わせるような人物や状況、展開が示されることはあるが、コメディの「目的」はあくまでも冒頭で紹介される主役の男女二人のカップルが幾多の試練や障害を経て幸せになることにある。

ノースロップ・フライをはじめ多くが指摘してきたように、ギリシア新喜劇の時代からこの定石は変わっていない。たとえば、コメディでは恋人たちが恋に陥る過程が詳細に描かれることは少ない。現実の世界ならば、最初に抱くのはただの好意で、それが徐々に恋に変わっていくのが大半だろうが、コメディでは一目惚れが多い。出会った瞬間から相手に恋をする、という設定にすることで、当事者以外にとっては退屈な、時間をかけて二人が恋心を育む様子を語らずにすむからだ。

互いに一目惚れした同士なら、結ばれるまでに時間がかからないはずだが、コメディは様々な遅延効果（delaying effects）を用いて、結末までの時間を先延ばしにする。阻害因子（blocking agents）がもっともよく用いられる遅延効果だ。娘の父親（あるいは息子の母親）や親同士が決めた婚約者などが介入して二人の仲を裂こうとする。娘に横恋慕した金持ちの老人が親を言いくるめて自分と結婚したほうが幸せになれると口説く。阻害因子は人間とは限らない。当人たちの心理に阻害因子が潜むこともある。「好きなんだけれど、素直になれない」「傍から見ていると互いに惹かれていることはすぐわかるのに、本人たちはそれを恋と自覚していない」のような登場人物の内面上の設定も阻害因子となりうる。

遅延効果には阻害因子以外にも「取り違い」（mistaken identities）や「すれ違い」（missed appointments）のようなものがある。恋人の浮気現場を目撃して怒り、婚約を破棄しようとするが、浮気男と思った男は別人で、恋人が子供のころに養子にやられた全く同じ姿形の双子だったとわかって元の鞘に収まる。間違いなくこの時間やこの場所で会うはずになっていたのに、相手がやって来ずにやきもきするが、同じ名前の地名があったり、午前と午後を取り違えていたり、あるいは相手によんどころのない理由があって来ることができない事情が判明する。コメディの書き手たちは、さまざまな状況や理由をでっちあげて、なんとかして恋人たちが最後まで結ばれないように工夫する。観客は主役の二人がくっつくという結末をわかっていて、そこに至るまでのドタバタ騒ぎを楽しむ。

コメディには二組目のカップルもつきものだ。主役である一組目のカップルはいたって恋に真面目で、その悩みや葛藤は観客にとっては往々にして幼稚で馬鹿らしく思えることがあるものの、二人は愚直に解決をはかる。二組目のカップルはもっと現実的な考えを持ち、もっと欲望に忠実だが、もっとずるかったりもっと間が抜けていたりして、滑稽な言動で周囲を混乱させる。しかしときにはより現実的な考えを持った二組目のカップルが、どこか浮世離れした主役のカップルの悩みや葛藤を解決する手助けをすることもある。

二〇〇〇年以上前から踏襲されてきたこの定型を大半のアメリカン・ミュージカルも採用する。(1) なるほど、新中間層の家族が安心して見られる、健全な作品を提供することを心がけた、作曲家リチャード・ロジャースと作詞家オスカー・ハマースタイン二世のコンビは、しばしば下卑た猥雑な笑いをもたらすことの多い二組目のカップルについてのお約束事《コンベンション》を変更し、二人の第二作である『回転木馬』(一九四五)からは二組目のカップルも真面目なものになった。しかしそれ以外の基本的な枠組みは何も変えていない。

本書では一九三〇年代末から六〇年代初頭にかけて上映/上演された映画と舞台ミュージカル七作品を扱う。それらを公開/初演順に並べると、『気儘《まま》時代』(一九三八)、『オクラホマ!』(一九四三/一九五五)、『南太平洋』(一九四九/一九五八)、『雨に唄えば』(一九五二)、『掠奪された七人の花嫁』（一九五四）、『マイ・フェア・レディ』（一九五六／一九六四）、『ウェストサイド物語』（一九五七／一九六一）となる――映画ミュージカルとして最初に公開されたものについてはその公開年のみを、舞台ミュージカルとして初演されたのちに映画化されたものについては、初演年と公開年を順番に並べてある。第一部では三本の映画ミュージカルを、第二部では四作の舞台ミュージカルを後年公開された映画版との比較をしながら、それぞれ論じていく。

その際に注目するのは、おきまりの物語が時代によって歪められ、定型からの逸脱が見られる箇所だ。物語論の経済《エコノミー》からすると、物語展開にほとんど寄与しない不要な挿話。ジャンル固有のお約束事を頭に入れて鑑賞する観客の認識を混乱させるような予想外で不自然な展開。全体として早撮りで、作り手たちのやる気のなさが伝わってくるのに、そこだけ（一見すると意味もなく）時間とお金をかけていることがわかる場面。

こうした生産性向上の妨げとなるムダ、ムリ、ムラが品質管理の厳格なハリウッドやブロードウェイで放置されていたのは不思議な気もする。だが私たち観客もまた、ふだんはそういう部分から目を背けている。だからこそ、『雨に唄えば』『マイ・フェア・レディ』『ウェストサイド物語』は映画史上に残る大傑作であり、『オクラホマ！』『南太平洋』『マイ・フェア・レディ』『ウェストサイド物語』は舞台ミュージカル黄金期の代表作ということになっている。もちろん、そうした評価を覆すことが本書の意図ではない。そうではなく、そのような箇所に時代の刻印を見てとることができることを各章では主張し論証する。『アメリカン・ミュージカルとその時代』という題名のとおり、それぞれの作品がいかに当時の社会状況を反映していたか、「時代を写す鏡」になっていたかを見ていく。

その際に前提とするのは、作り手たちが当時の観客とひそかにとり結んでいた共犯関係《コンプリシティ》だ。作品のゆがみやひずみは、たんなる作り手たちの無意識の産物ではない。これから見ていくように、作品が定型から逸脱している箇所には、無意識に抱いていた集合的な不安や恐怖、あるいは抑圧一般が表れているけれども、それは作り手たちが半ば自覚的に表現したものでもある。定型の物語を繰り返すだけでは観客に飽きられるだろうと意図的に新趣向を付け加えることによって、作り手たちは、明るく楽しい家族向けの娯楽にはふさわしくない、何か不気味なものが作品のそこかしこに滲み出てしまうことにその過程で当然気づいている。その不気味なものを半ば意図的に放置し、覆い隠すという判断をせずに市場に出した、というのが私の仮説である。[2]

作り手たちは自分たちが抱いていた集合的な不安や恐怖、あるいは抑圧一般を作品内で知らずに露呈しているのではなく、そうやって不気味なものを晒すというたくらみに関わっている。そうすることで、作品はその時代の観客にとって格別の魅力を持つことになる。新中間層の家族全員が安心して楽しむことのできる、無害だが無味無臭の工業製品ではなく、作り手も受け手も半ば無意識のうちに共有している時代の空気——とりわけその時代の底にひそむ、漠然とした不安や恐怖——を伝えることに成功し、自分たちが同じ空気を呼吸する共同体の成員であることを観客に確認させることのできる作品こそが、傑作として受け入れられる。作り手たちはそのことを肌感覚で学んでいるからこそ、微かに感じられる臭みやエグ味をあえて消さずに、作品をその時代の観客向けのものにする。

当時の観客との共犯関係によって成立した傑作はしかし、後世の観客から見ると奇妙なゆがみやひずみを示すことになる。各章で注目するのは、定石に沿って作られているはずの物語に入り込んでくる、このゆがみやひずみだ。第一章で扱う『気儘時代』の結末では、精神分析医トニー・フラッグ（フレッド・アステア）が、友人スティーヴンの婚約者であるアマンダ・クーパー（ジンジャー・ロジャース）に催眠術をかけて自分と結婚するように仕向ける。いったんアマンダに「私はスティーヴンを愛している……私はトニーを愛していない」と唱えさせ、自分にたいするアマンダの恋心を「正しく」婚約者へと戻そうとした後に、自分もまたアマンダを恋していることに気づき、何度かの失敗の後、再び催眠術をかけて「トニーはアマンダを愛している」と復唱させることで二人は結ばれる。第三章で扱う『掠奪された七人の花嫁』では、一八五〇年のオレゴン・テリトリーを舞台にして、山男の七人兄弟の長男アダム・ポンティピー（ハワード・キール）が町の娘ミリー（ジェーン・パウエル）と結婚したことに刺激された弟たち六人が、自分たちの花嫁にと町の娘六人を掠奪していく。娘の父親たちは追いかけてくるが、兄弟たちが住む谷間へと通ずる峠道は積雪で閉ざされてしまうので雪解けまで待つしかなくなる。六ヶ月後、雪解けを待って奪い返しに行った父親たちは、娘たちがすでに兄弟たちと情を通じる仲になっており、町に帰ることを嫌がっているのを知る。さらに、一人の赤ん坊を娘たちは抱いており、この子の父親はと問われると六人の娘たち全員が「自分たちのものだ」という。次のショットでは、娘たち全員の結婚式が執り行われて物語は終わる。いずれの作品でも、障害を乗り越えてカップルが結ばれる、というハッピー・エンディングの定石に従おうとするあまり、登場人物を自由意志のない操り人形にしたり、物語の展開に無理が生じたりしている。

繰り返しになるが、こうしたゆがみやひずみを作り手たちが認識していなかったわけではない。なるほど、ここで取り上げた二作品はスタジオ・システムのもとでハリウッドが粗製濫造したものだから、脚本もまた何ヶ月もかけてじっくり練られたものではないし、進行状況によって脚本がその場で変わっていくこともあったかもしれない。だが複数の人間が関わる現場で、誰が見ても明らかに不自然な物語の展開が放置されるのは別の力学が働いていたからである。脚本の瑕疵を瑕疵だと感じさせない「空気」が現場だけでなく、当時の巷の映画館の観客席にも満ちていた。アンデルセン童話に出てくる裸の王様にむかって人々が王様は裸だと指摘できなかったように、人々はわかっていて目をつむったのだ。詳細な分析は各章を参照していただくとして、ひとまずそれぞれの時代の「空気」を要約すると以下のようになる。『気儘時代』が封切られた一九三八年前後のアメリカ社会では、女性の性欲は男性が適切に管理しないと「暴発」する可能性がある、という俗流フロイト主義の核に埋め込まれ、当時の男性たちを呪縛していた強迫観念によって、精神分析医に扮したアステアがロジャースを意のままに操ることが正当化される。『掠奪された七人の花嫁』が製作された一九五四年前後のアメリカ社会では、冷戦時代のイデオロギーを反映して、言語によって暴力は制御できるとお題目を唱えつつも、それが絵空事に過ぎないかもしれぬという懐疑が、それぞれこれらの作品の物語上の瑕疵を指摘しにくいものにさせていた。

2 アメリカン・ミュージカルとは何だったか

一九四〇年代から六〇年代はしばしばアメリカン・ミュージカルの黄金期と呼ばれる。これはもともと七〇年代以降の低迷期――『フォーリーズ』(一九七一)、『ピピン』(一九七二)、『シカゴ』(一九七五)、『コーラスライン』(一九七五)をはじめとするミュージカル史上に残る名作がいくつか生まれたものの、ヴェトナム戦争などがあって経済は疲弊し、ロックが人気を得たこともあって観客は目に見えて減り、アメリカ文化の重要な一部としてのミュージカルという意識が薄れた時期――との対比で言われたことだった。

近年、この「黄金期」という言葉は別の意味を持つようになってきている。八〇年代以降、『キャッツ』(一九八一)、『レ・ミゼラブル』(一九八七)、『オペラ座の怪人』(一九八八)のような、スペクタクルに金をかけ、数年から数十年単位のロングランをすることで製作コストを回収するメガミュージカル――その多くがロンドン発のものだった――がブロードウェイを席巻し、また二一世紀になると『マンマ・ミーア!』(二〇〇一)、『ジャージー・ボーイズ』(二〇〇五)、『ロック・オブ・エイジズ』(二〇〇九)のような、過去のヒット曲をうまく物語に組み込んだジュークボックス・ミュージカルが人気を博し、ブロードウェイは再び活況を呈するようになったからだ。

四〇~六〇年代と同様に(というより、それ以上に)商業的成功を収めている現在のブロードウェイ・ミュージカルとの差別化を図るにあたり、「黄金期」は経済的繁栄ではなく、質的卓越を示す言葉になった。ジェシカ・スターンフェルトとエリザベス・ウルマンは「『黄金期』後」で、それを以下のように説明している。

［「『黄金期』後」という用語］が暗示するのは、この数十年間に初演されたミュージカルはどんなものであれ、時系列上、過去に初演されたものほど芸術的意義がない、あるいは文化的共振性がない、ということだ。

このような意味で「『黄金期』後」という言葉を用いているのが誰なのか、二人は名指ししているわけではない。ある世代以前の人間にとって、ブロードウェイ・ミュージカルの変質は疑いようもない事実であり、誰かが言い出してその認識が広まったというものではないことは確かだ。スターンフェルトとウルマンも「アメリカン・ミュージカルは死んだわけではない……しかし五〇年前のものとは異なる」ことは認めている。

けれども、アメリカン・ミュージカルの質の低下を公言してきた影響力ある批評家はいる。イーサン・モーデンだ。一九二〇年代のミュージカルを論じた『空想してごらん《メイク・ビリーブ》』(一九九七)から、七〇年代のミュージカルを論じた『もう一度キスを《ワン・モア・キス》』(二〇〇三)まで舞台ミュージカルの歴史を扱った本を六冊書いた後、モーデンは一九七八年から二〇〇三年という「ひょっとしたら議論に値しない、いや言及するにも値しない」時代の舞台ミュージカルを論じた『私が見たなかでいちばん幸せな死体』を二〇一四年に刊行する。シリーズ七冊目になるこの本は、題名を有名なナンバーの歌詞から借用するという趣向は変わらないものの、「黄金期」のミュージカルに愛情と敬意をもって遇していたそれまでとは異なる態度がとられている。「序文」でモーデンは以下のように書く。

今日ではミュージカルは追い立てを食い、疎外されている。ミュージカルはもはや文化をリードしない。それは文化を追いかけて、安っぽく程度の低い方針を採用する。頭のいい作り手たちは、使い古された昔の歌集と映画の舞台化に頼った無価値な形式に特化して、ものをはっきり言うことのできない愚かな観客に舞台を提供する。

前述したジュークボックス・ミュージカルの席巻と、『ナイン』(一九八四/二〇〇三)、『サンセット大通り』(一九九四/二〇一七)、『ヘアスプレー』(二〇〇二)のような映画を原作とした舞台ミュージカルの流行という昨今を代表する二つの傾向を厭悪し、「黄金期」のミュージカルへの愛着を書きつけるモーデンの気持ちはよくわかる。けれども、個々の作品に即して敷衍される段になると、この主張は説得力を失う。それまでの六冊も、一応歴史書の体裁をとってはいるものの、時代が下るにつれ——すなわちモーデンが生で見てきたミュージカル作品が増えるにつれ——事実を手際よくまとめるというよりも、辛口劇評のコレクションという体になっていた。『私が見たなかでいちばん幸せな死体』になるとその傾向はもっとも顕著で、何かを主張する文脈で例として作品が持ち出されるというより、作品の批評がメインになる。しかも、ただのあら探しだと誹りを受けることのないようにと考えてのことなのか、見巧者としてのプライドなのか、分析は精緻を究めているから、必ずしも欠点ばかりが指摘されるわけではない。それゆえに、「現在のアメリカは粗野で無学な新種ミュージカルを召喚してきた。それはアダム・サンドラー、アンナ・ニコル・スミス、エミネム、オズボーン・ファミリーのようなわが国の偶像となった下等生物たちのブロードウェイ版だ」とまでモーデンが書くことに正当な根拠を見出せなくなる。

換言すれば、モーデンは「黄金期」以降に初演された一つ一つの作品がどんな欠陥を持っているのかを指摘し、「黄金期」後のミュージカルが総体として「無価値な形式」に堕しているど主張するのだが、その中間にあたる議論、すなわち、一九八〇年代以降のミュージカルからどんな構成要素が失われたのか、ということをまとまった形で明らかにしていない[3]。その点では、暗にモーデンを批判し、「五〇年前のものとは異なる」ミュージカルを肯定的に捉えようとするスターンフェルトとウルマンも同様だ。二人は「制作の経済学」「スペクタクル」「ニューヨーク市とその周辺の変わりつつある関係」のような小見出しを立てて、現象としてのミュージカルの変容について論じるけれども、その背後にどのような感受性の変化が生じているのか、という点については触れていない。

とはいえ、モーデンはところどころで示唆的なことを述べている。一つは、『ヨセフと不思議なテクニカラー・ドリーム・コート』(一九七六)を批判する際に「韻を理解しない[作詞家ティム・]ライスの耳」(Rice's bad ear for rhyme)と述べていることだ。同様に黄金期のミュージカルを賞揚する文脈で、クラムはもう少し明快に以下のように説明する。

[ノエル・]カワード、[コール・]ポーター、[ロレンツ・]ハートの時代は、歌詞の才気がミュー

ジカル・コメディの重要な要素だった。[スティーヴン・] ソンダイムは例外だが、気の利いた歌詞を書く芸は今や失われてしまった。言葉への関心が薄れることで、ミュージカルで歌われる歌がもたらす喜びの半分は奪われてしまった (50)。

クラムは続けて『レ・ミゼラブル』について「不自然な韻、音符と音節が合っていないように思われる台詞、才気の感じられないところ」が、下手な英語字幕を見ながら外国産のオペラを見るようだと書くが、モーデンほどには全面的に八〇年代以降のミュージカルを否定していない。それでも、言葉の芸術でもある音楽劇としてのアメリカン・ミュージカルの伝統が失われたという認識は両者に共通しているようだ。

もう一つのモーデンの興味深い示唆は、「音楽が多すぎる」(too much music) という表現だ。類似した表現に「音符が多すぎる」(too many notes) があるが、こちらはもっと慣用的に使われるし、一小節の中に音符が多く含まれ過ぎている (=リズムをとりにくい) というその意味は明確だ。他方、「音楽が多すぎる」という表現は直感的にはわかったような気がするが、よく考えると意味がわからなくなる。「音符が多すぎる」のでなければ「音楽が多すぎる」とはどういう事態を指しているのだろうか。

モーデンは (現代の作品としては例外的にすぐれているという評価を下した)『タイタニック』(一九九七) について長所短所をあれこれ吟味したあとに「今日ではよくあることだが、音楽が多過ぎて、鈍感な耳は聞くことができなかった」と述べている。なお、彼は一九八〇年代以前のミュージカルについても「音楽が多すぎる」という表現を使うことがある。たとえば二〇一三年に刊行した一冊本のアメリカン・ミュージカル史『何でもあり《エニシング・ゴーズ》』においてもモーデンは

［作詞家アラン・ジェイ・ラーナーと作曲家フレドリック・ロウの］『キャメロット』（一九六〇）は大仰な音楽（a big score）だった――それは危険なほどで、というのも「多すぎる音楽」を聞くことができない人間は批評家にも観客にもいるからだ

と書く。

モーデン全著作の用語索引でも作りたいところだが、紙面に余裕はないので、結論を述べよう。あるミュージカルの音楽がオペラやオペレッタのように大仰で、かつ、音楽が歌詞や物語の存在を忘れさせるかのように単体で際立って聞こえるとき、モーデンは「音楽が多すぎる」という表現を用いる。とはいえ、たんにオペレッタと区別がつかないようなミュージカルならなんでも「音楽が多すぎる」というわけではない。だとすれば、「音楽が多すぎる」という指標はモーデンの主観的判断に左右されると片付けてもよさそうだが、ことはそう単純ではない。モーデンは黄金期のミュージカルに音楽、ダンス、歌詞と物語という四者の間に成立する一種の均衡を見てとっており、それは次節で論じる統合ミュージカル（integrated musical）とは何だったか、という問題とも密接に関わってくる。ここではひとまず、オペラのような様式性の高い音楽劇と異なり、アメリカン・ミュージカルではリアリズムという「建前」が崩れないことが重要だった、と言っておこう。すな

わち「音楽が多すぎる」ということは、観客が聴覚的刺激をもっぱら追い求めて、舞台で俳優たちが演じてみせる物語がどうでもよくなってしまう、あるいはモーデンが書くように「多すぎる音楽」を味わう感受性を持ち合わせていない観客が、舞台で起きていることに傾注しようとするものの、美しい音楽があればどうでもいいだろうと言わんばかりに脚本家が手を抜いた物語に落胆させられる、という事態が生じることを意味する。アメリカン・ミュージカルとは、リアリズムと様式の折衷に成り立つものであるから、「多すぎる音楽」は、「リアリティ」を持った――すなわち、何らかのかたちで観客が感情移入できる――物語への依存度を薄めてしまう点でアメリカン・ミュージカルをアメリカン・ミュージカルらしからぬものにしてしまうという（言語化されることのあまりない）前提がモーデンをはじめとする黄金期を称揚する批評家・研究者たちの間で共有されている。

そしてモーデンが仮想敵とするのが、ヨーロッパ由来の「ポップ・オペラ」だ。ポップ・オペラとは、ジャック・デュミが作曲家ミシェル・ルグランと組んで撮影した『シェルブールの雨傘』（一九六四）について言及されたのが始まりだが、それ以来広く受け入れられているとは言い難く、また定義もきちんとされていないこの用語を[4]、モーデンは五〇年代アメリカン・ミュージカルの対極にあるものとして使っている。たとえばこんなふうに。

ポップ・オペラはスペクタクルで、一九二〇年代後半のオペレッタがそうだったのと同じだ。観客は大げさな音楽と大げさな歌の入った大がかりなショーが好きだ。実際のところ、「オペラ」という語が大半の人々にとって意味するのは、そういうものなのだ。

だからモーデンが雑駁に挙げていくポップ・オペラの特徴をまとめていくと、一九八〇年代以降のミュージカルに欠けているものが陰画《ネガ》として見えてくるかもしれない。曰く、「あの「大げさなメロディ」（Big Tunes）は劇的効果を高めるためというよりアルバムやシングルを売るために繰り返される」「歌詞は……句跨がりなど使わず、必ず一音節の語尾で押韻する二行連句」（＝構成上の破綻がなく、面白みのない歌詞になる）「短く、味気ない陳述が多くてへぼ詩（doggerel）という感触が積み重なる」「ポップ・オペラはロマンティックなものを強調し、〔『パジャマ・ゲーム』（一九五四）の〕「ヘルナンドス・ハイダウェイ」や〔『マイ・フェア・レディ』（一九六四）の〕「時間通りに教会へ」のようなナンバーが提供する不似合いなふざけた気分を省いてしまう」「人間離れした登場人物（outsized characters）と山あり谷ありの物語」「グロテスクなものが好まれる」。これらの特徴は『シェルブールの雨傘』には到底当てはまらないけれど、『オペラ座の怪人』『レ・ミゼラブル』『ミス・サイゴン』（一九八九）といった八〇年代のブロードウェイを席巻したメガミュージカルを説明するにはうってつけのものだ。

もっとも、モーデンのいうポップ・オペラの内容上の特徴だけ取り出せば、それはメロドラマだ、とも言える。演劇史でいうところのメロドラマは一九世紀初頭のヨーロッパで確立したジャンルで、ただのお涙頂戴ものというより、哀れな境遇の主人公が、運命に翻弄されたり、極悪非道のならず者に酷い目に遭わされたりして観客はハラハラドキドキするものの、思わぬ味方が現れたり奇蹟が起きたりして状況が一変し、最後にはめでたしめでたしで終わる、波乱万丈の物語を特徴としている。大抵はそれに加えて、観客の度肝を抜くようなスペクタクル――といっても一九世紀のメロドラマだから舞台上に本物の汽車を登場させたり、火事が起きたり、本水を使った川面に氷が張った様子を再現するといった程度ではあるが――が売り物になっていた。メガミュージカルの本質とは、一九世紀にヨーロッパと合衆国の大衆が夢中になり、二〇世紀になるとハリウッドがもっぱらその製作を担ったメロドラマなのだ、という議論であれば、モーデンを俟たずとも数多くある。

したがってこのモーデンの指摘で傾聴すべきなのは、八〇年代以降のミュージカルが内容においても形式においても変質した、という点にある。「音楽が多すぎる」、すなわち美しく蠱惑的なメロディが観客の思考力を麻痺させることで、物語を理解し展開を予測し、登場人物の言動についての判断を下すような知的活動の質を低下させるというだけでなく、そうした音楽に見合うように物語もただ情動を刺激するだけのメロドラマか、あるいは筋らしい筋のないもの(『キャッツ』や『コンタクト』(一九九九))になった、というのがモーデンの主張で、だからこそ「新たなる低能さ」(the New Stupidity)とか「頭の悪い人々は頭の悪いものが好きだ」というような暴言がそこかしこに見られるわけだ。

では結局のところ、黄金期ミュージカルには八〇年代以降のミュージカルにないどんな要素があったのか。深い洞察力で見抜いた人間の本質を描いた近代劇《モダン・ドラマ》があった、というのなら話はわかりやすいのだが――そして『スタア誕生』(一九五四)、『ジプシー』(一九五九/一九六二)、『キャバレー』(一九六六/一九七二)のような、ミュージカルでありながら人間の業の深さをえぐり出してみせる作品が黄金期の後半にかけて作られなかったわけではなかったが――冒頭で述べたように、二〇世紀中葉に作られた映画と舞台ミュージカルの大半は、コメディの定石に従って粗製濫造されたものだった。『ドラマとしてのミュージカル』で、スコット・マクミリンが久々に思い出させてくれたように、二〇世紀中葉の合衆国における演劇研究・批評を代表する知性だったフランシス・ファーガッソンとエリック・ベントリーは、まさにそういう理由でアメリカン・ミュージカルを無視したり、空虚で無教養なものとして批判したりした（一八）。

そう考えると、モーデンの批判に対する重大な疑義が生まれてくる。ファーガッソンやベントリーにとって二〇世紀中葉のミュージカルが真剣な考察の対象とならなかったように、モーデンが八〇年代以降のミュージカルを「新たなる低能さ」の現れとみるのは、旧弊陋習に凝り固まった批評家・研究者が、新しい、多くの人々の支持を得た芸術の形態を理解できない、というだけのことではないか。社会に広く浸透した「大衆文化」を人間理性に対する脅威と捉えるという、『啓蒙の弁証法』（一九四七）でアドルノが「文化産業」を批判して以来、あちこちで繰り返し用いられてきた言説の同型がここでも使われている、というだけのことで、いずれ後世の批評家・研究者は、モーデンが黄金期ミュージカルを称揚するのと同様、八〇年代以降のミュージカルを「深み」のある立派な芸術として捉えるのではないか。

あながちそうではないと言い切れないところにモーデンの弱みはあり、またモーデンがアカデミズムの世界の住人でないことも少なからず影響して、『私が見たなかでいちばん幸せな死体』を現代のミュージカルについての真剣な警告の書ととる向きは少ない。だがモーデンに言わせたいことを言わせて、こっそり共感している人は多いはずだ。だからこそ、モーデンが暗黙のうちに前提としている、黄金期ミュージカルから失われた要素を具体的に指摘する必要がある。

黄金期ミュージカルにあって八〇年代以降のミュージカルにないもの、それは第一節で触れた作品のゆがみやひずみではないか。時代がくだるにつれ、品質管理がより徹底したものとなって、ゆがみやひずみはなくなっていく。一つには、撮影や上演全般についての技術の向上がある。まず俳優の演技、歌唱やダンスが半世紀前までとは比べ物にならないほど上達したし、演出や撮影技法のノウハウが蓄積され、それらを支えるテクノロジーも発達した。映画においてはデジタルビデオカメラの導入をはじめとする（ポストプロダクションも含めた）作業のデジタル化によっていったん撮影した素材を自由に加工できるようになったし、舞台においては過去の作品を記録映像で手軽に見られるようになっただけでなく、稽古場や本番で自分が先ほど演じた／歌った／踊った映像を見返して自分の「おかしなところ」をすぐに矯正できるようになった。換言すれば、作品はプロデューサー、監督や演出家らの意図を完璧に近いところまで表現できるようになったし、身体を用いた表現にはつきものの、当初の企図からの逸脱も、デジタル技術の応用によってかなりの程度防げるようになった。ゆがみやひずみが生じても、すぐにそれを訂正してしまう仕組みができあがってしまった。

また一つには、そうした品質管理の徹底化が技術的に可能になったことによって、制作過程での意識的な介入が今まで以上に積極的に行われるようになったことがある。往年の演劇や映画の現場では、手際よく作業を進めていく必要があるため、立ち止まって考えることをせず、いわば機械的に手と足を動かすだけになる局面が必ず生まれていた。稽古や撮影という現場だけでなく、台本や振付、美術や照明など作品制作のさまざまな過程において、頭でじっくり考えた結果ではなく「長年培ってきた職人の勘」による時間をかけない決定が下されていた。作り手たちの無意識の産物が入り込んでくる隙間はそこに生じていたわけだが、あらゆる面で仕事を効率的に進めることができるようになり――それはテクノロジーの発達だけではない。たとえば、昔は多かった、不品行やわがままで現場の作業を中断させる俳優は現在では皆無に近い――、その一方で時間をかけて作品を仕込み、その結果として制作費がはね上がることは誇るべきこととして宣伝材料に使われるから、作品を完璧に仕上げるといういつの時代も作り手たちの夢だったことが夢でなくなった。ゆがみやひずみを見つけ次第削除する、なくすためには作業が止まってもよい、という暗黙の合意が生まれるようになった。

もちろん、そのような丁寧な作品作りがいつも良い結果をもたらすというわけではない。『タイタニック』（一九九七）は豪華客船を模した巨大で精巧な舞台装置がプレヴュー初日に不具合で何度も上演が中断した。二〇一一年三月に演出家ジュリー・テイマーが九年かけて作り上げてきた『スパイダーマン：ターン・オフ・ザ・ダーク』の制作チームから追放されたのも、自他ともに認める完璧主義者であるテイマーが膨大な時間と費用を費やしているわりに作品作りが進んでいないとプロデューサーたちや制作チームが不満を持ったことだと噂された。とはいえ、こうした事件が不幸な例外として喧伝されるぐらい、現在のミュージカル作りでは映画でも舞台でもお金をかけ、時間をかけて「いいものを作る」ことが当然視されている、とも言える。

そんな丁寧な作り方の結果、ゆがみやひずみがなくなっていくとどうなるか。具体的な例で考えてみよう。第七章で詳述するように、一九五七年九月『ウェストサイド物語』初演時、作り手たちは人種・民族問題を正面切って取り上げるという意識はなかった。そもそも、一九五〇年代後半に社会の大きな関心事となっていたのは、公民権運動が高まりを見せていた黒人差別である。また、振付・演出を担当しただけでなく作品を最初に構想したジェローム・ロビンズ、脚本を書いたアーサー・ロレンツ、作曲したレナード・バーンスタイン、作詞を担当したスティーヴン・ソンダイムら、作り手たちの大半はユダヤ系アメリカ人だったが、一九五六年一〇月に第二次中東戦争が勃発するなど、当時のユダヤ系アメリカ人たちはシオニズムとその影響について、アメリカ社会に根深く広がっていた反ユダヤ主義とともに検討せざるを得なかった。ホロコーストの生き残りのユダヤ系少年とカトリックの少女が恋をするという『イーストサイド物語』だったもともとの構想が『ウェストサイド物語』に変わったのは、反ユダヤ感情を扱えば当事者としての立場を表明せざるを得ないと判断したからだ、と考えるのは穿ち過ぎだろうか。いずれにせよ、合衆国におけるこれらの深刻な人種・民族問題を取り上げず、マンハッタンにおけるプエルトリコ移民というローカルでマイナーな人種・民族問題を取り上げたところに『ウェストサイド物語』の大きな特徴があった。

とはいえ、当時もっと深刻な問題として認識されていた、学校に行かず街中にたむろする非行少年少女の存在（とその原因とされた戦後のリベラルな公教育の失敗）、あるいは相異なる集団の対立によって生まれた非寛容、憎悪、頑迷という悪徳に引き裂かれた恋人同士という時代を超越した主題の二つだけを作り手たちが追求していた、というのも言い過ぎだ。現在『ウェストサイド物語』が表現していると考えられている人種差別の悲劇をも念頭に置きつつ、少年ギャングたちの抗争という社会秩序にとっての挑戦を描き、モダニズムの影響を色濃く残す時代にあって作品としての普遍性も求めた、というのが妥当な解釈だろう。というよりむしろ、『ウェストサイド物語』はそういう曖昧さを残しながら作られたからこそ、すなわち、作品表象がもたらす意味を作り手が一方的に決定するように作らなかったからこそ、ゆがみやひずみが生まれて、観客を惑わせ、考えさせる作品になったのだ。

ところが、二〇世紀終わりから二一世紀初頭にかけて、人種・民族問題が個別具体的な事例から、人類全体にとり普遍的かつ危機的な問題になっていくと、作り手もまた当初の曖昧さを否定するようになる。後年のインタビューでバーンスタインは『ウェストサイド物語』の真のテーマは「ニューヨークにおける人種問題」だと明言するし、ロレンツは二〇〇九年三月にブロードウェイの初日を迎えた『ウェストサイド物語』再演において演出を担当することになって、プエルトリカンの登場人物たちにスペイン語を話させ、「アイ・フィール・プリティ」や「ア・ボーイ・ライク・ザット」をマリア——アルゼンチン出身のジョセフィーナ・スカリオーネが演じた——にスペイン語で歌わせた。スペイン語脚本と歌詞を担当したのは、『イン・ザ・ハイツ』（二〇〇八年三月）で作詞・作曲・主演を務めたリン＝マニュエル・ミランダで、子供の頃はプエルトリコに住む祖父母のもとで毎年一ヶ月近く過ごしていた、という過去も宣伝された。プエルトリカンしか登場しない場面で英語が話されるような「お芝居」ではなく、政治的に正しく人種・民族を表象することでリアリティを作り出そうというロレンツの演出意図は『ウェストサイド物語』がもっぱら人種の問題に向き合っていると宣言するものだったと言える。

ところが皮肉なことに、この上演はむしろ、黄金期舞台ミュージカルの終わりの始まりに位置する『ウェストサイド物語』が、作り手が作品表象の意味を決定するという最近の風潮に馴染むものではないことを明らかにした。『ニューヨーク・タイムズ』の批評家ベン・ブラントリーは「この作品の調子とリズムを決めるのはいつも、あのおっかない、アドレナリンで興奮状態になった若者」で、半世紀前は「中産階級の大人の観客たちは『ウェストサイド物語』のエスニック・ギャングたちの抗争の蛮行にショックを受け、唖然としていた」のだが、今回の上演では「若く、都会のジャングルに捕らえられているというむき出しの傷つきやすさにたいする思いやりと気づきが充満し」ており、「観客は親が庇護するような感じで反応しがち」だったと指摘する。なるほど、一部がスペイン語で話されていることは「この作品が要求する、文化的疎外の感覚を効果的に強調する」とは書くものの、ナンバーは英語でよかったのではないか、と続け、「人種差別がもたらした悲劇」というこの作品の主題であるはずの舞台表象に言及することはない。

ブロードウェイ初演に先駆けて行われたワシントンでのトライアウトを見た、エリザベス・ウェルズも、『ウェストサイド物語――あるアメリカン・ミュージカルの文化的全体像』において、『ウェストサイド物語』の主題や音楽の「現代的」性格は、今日の基準ではおとなしいものになり、「音楽の伴奏に合わせた地下鉄での強盗」を経験していると観客や批評家に思わせることができなくなった」と書き、また「この作品における音楽と文化の両方における「スペイン風の」取り扱いはとても古びたもの」で、「一九五七年でなく、二〇〇七年にこの作品が書かれていたとしたら、この種の人種・民族的ステレオタイプを観客が受け入れるとは想像し難い」とも指摘する。スペイン語の使用やスペイン語母語話者の登用を評価する批評もそれなりにあったが、『ウェストサイド物語』のことを隅々まで知っている識者にとり、ロレンツ演出は作品のゆがみやひずみを取り去ってしまうことでかえって作品の本来の持ち味を失わせることになるだけでなく、人種に焦点を当てることでその古くささを明るみに出してしまうものだった。[5]

ひるがえって、八〇年代以降のミュージカルは物語、音楽技法、振付、舞台機構などがずっと複雑になっているにもかかわらず、それらの舞台表象が総体としてもたらす意味は解釈の曖昧さを残さない単純なものになってしまっている、というのがモーデンをはじめとする黄金期ミュージカルを懐かしむ人々の偽らざる感情だろうし、それが品質管理の徹底化によって生じた事態だ、ということも含めて、私も同意する。本節の題名を「アメリカン・ミュージカルとは何だったか」と過去形にしたのは、私が愛するアメリカン・ミュージカルはもはや新たに作られることはなくなってしまったという思いからであり、この本ではもっぱら二〇世紀中葉の映画・舞台ミュージカル作品を扱うのはそのためである。

だがもう一つ、八〇年代以降のミュージカルになくて、黄金期ミュージカルにあったものがある。それは統合（integration）である。

3　統合ミュージカルとは何だったか

作詞家オスカー・ハマースタイン二世は、『歌詞集』の巻頭エッセイ「歌詞集についての覚え書き」において、『オクラホマ！』を作曲家リチャード・ロジャースとどう作っていったか解説していくなかで「うまく統合されたミュージカル・プレイ（well-integrated musical play）」という言葉を用いている（15）。『オクラホマ！』が最初の完全な統合ミュージカル（integrated musical）だというのは衆目の一致するところだが、それ以前のミュージカルでも、歌詞やメロディが登場人物のその場の心情や性格をうまく表しており、音楽、ダンス、歌詞と物語が一体となっているという印象を与えるという意味で「統合」が（部分的にではあれ）なされている作品があったことはしばしば指摘されてきた。『オクラホマ！』が特筆されるのは、ほぼ全曲にわたって統合がされているからだけでなく、そのことを創作上の原理としてハマースタインが明言したからでもあり、さらには予想をはるかに上回る興行的成功によって、後のミュージカル作品の多くが統合を意識せざるを得なくなかったからでもある。

とはいえ、前記のエッセイでハマースタインが「それは方法論（a method）というより心の持ちよう（a state of mind）……一体となる心構え（attitude of unity）である」と言っていることにも私たちは注目する必要がある。なるほど、ハマースタインは「筋にとってほぼ無価値な歌によって絶えず中断させられることで物語上の興味を保ち続けることができない」（15）とそれまでのミュージカル・コメディの定石を批判し、「物語を語り、登場人物を描写する際に音楽がはたす演劇的役割」（17）

を強調しており、またこのエッセイ以前、『オクラホマ！』初演直後に『ニューヨーク・タイムズ』に寄稿したエッセイでは「［歌は］物語を語り、登場人物を描写し、対話を補って、可能な限り対話の続きに見えるようにする必要がある」と述べているから、具体的な統合ミュージカルの創作原理について十分自覚的だったことは間違いないのだが、その前提には一種の精神論があった。彼はまた「作曲家と作家が緊密に連携して作業する（work in very close collaboration）」（15）とも書いているが、それはそれまでのミュージカル・コメディのように、「「台本」が作者によって書かれて、あとで作曲家と作詞家が歌を挿入する」（15）という（作業能率という観点でいえばよりすぐれている）分業体制をはっきりと否定するものだった。

換言すれば、ハマースタインのなかでは統合ミュージカルの創作原理と（ミュージカルの作り手は時間をかけて共同作業を行うべきだという）職業倫理とが一緒くたになっており、それは当時の現場での「悪しき」慣習を考えれば無理からぬことであるものの、後世の批評家や研究者たちが統合ミュージカルの定義をめぐって好き勝手な意見を述べる混乱のもととなった。ジェフリー・ブロックは『オックスフォード版アメリカン・ミュージカル便覧』で「歌が筋を進める」「対話から自然に歌になる」「歌が歌う登場人物の性格を表す」「ダンスが筋を進め、ダンスの前に歌われた歌の作品上の意味を強化する」「オーケストラが伴奏やバックミュージックとして機能して、劇的行動と併走し、劇的行動を補い、進める」（98-99）と「統合の原則」を手際よく五つにまとめてみせたが、その後『魅惑の宵』第二版の序文で、「「統合」ミュージカルという概念はあまりにも疑わしく、論争の的となったため、新たな手続きとしてこの概念を問題化するか、少なくとも引用符に括ることになる」とも述べている。

統合ミュージカルの定義をめぐる議論を見ていけばそれだけで一冊の本が書けるぐらいだし、ミュージカル作品の分析に際して概念としての統合はそれほど有効ではないと主張するマクミリン『ドラマとしてのミュージカル』が翻訳されるなど、日本語でも統合ミュージカルとは何かを知ることができるようになってきた現状を鑑みて、ここでは比較的注目されてこなかった二つのことだけを述べたい。一つは創作原理としての統合が黄金期ミュージカルで重視されたのは、統合ミュージカルが近代劇の原理であるリアリズムを実現するのにうってつけだったからだったこと。もう一つは統合ミュージカルとは何だったかを考える上で、レナード・バーンスタインが定義する「新しい種類の叙唱《レチタティーヴォ》」もまた一つの可能性を提示していたということ、である。

アメリカン・ミュージカルの黄金期である二〇世紀中葉はまた、テネシー・ウィリアムズ、アーサー・ミラー、ウィリアム・インジらのリアリズムを基調とする台詞劇がブロードウェイで盛んに上演された時期でもあった。一つ前の世代のソーントン・ワイルダーがモダニズムの影響を受けて書いた作品（『わが町』［一九三八］『危機一髪』［一九四二］など）が、時空間を自由に行き来するのと比べると、ウィリアムズ『ガラスの動物園』（一九四五）、ミラー『セールスマンの死』（一九四九）、インジ『帰れ、いとしのシバ』（一九五〇）など二〇世紀中葉にブロードウェイで成功を収めた台詞劇では、劇中の時空間や登場人物の言動は日常生活に根ざした地味なものとなっている。

もっとも、これら三作品はいずれも、現実の時間とは別次元の時間に属する登場人物の幻想が劇中で語られたり演じられたりするという点で、日常生活をそのまま舞台で表現する本来のリアリズム演劇からは逸脱している。ワイルダーよりさらに一〇歳ほど年上のユージン・オニールは晩年、『氷屋来たる』（執筆一九三九）『夜への長い旅路』（執筆一九四一～四二）でリアリズムに回帰したし、『子供たちの時間』（一九三四）『小狐たち』（一九三九）などによってブロードウェイで常に成功を収めてきたリリアン・ヘルマンはリアリズムの台詞劇しか書かなかった。しかしウィリアムズたちは、日常生活において人々が経験しているものと同様の、登場人物の微妙な心理の綾を——ときには言葉を用いず仕草や表情だけで——表現することがもっとも劇的になりうるというリアリズム演劇の原則をしばしば踏み外し、同時代の合衆国の社会という現実を描くとともに、そこからかけ離れた状況やそぐわない登場人物の言動をも合わせてテクストに書き込んだ。

いずれにせよ、一九世紀中葉ヨーロッパで流行がはじまり、一八七〇年代から二〇世紀初頭にかけてアメリカでも広まったオペレッタの舞台が、時間的に、かつ／あるいは空間的に遠く離れた「異国」を舞台にすることが多かったのに対して、『オクラホマ！』をはじめとする黄金期のミュージカルの大半が同時代あるいは少し前の合衆国の社会を舞台にしたのは、台詞劇におけるリアリズムから影響を受けたものだった。何の変哲もない、大した事件も起こらない日常生活に演劇性を見出すのは一種の知的倒錯であり、自らの嗜好を「洗練したもの」と考えたい新中間層の観客の発明した楽しみ方だったが、二〇世紀中葉になると、そうした嗜好がミュージカルにも持ち込まれるようになった。

リアリズム演劇はまた、観客の関心を行動《アクション》から心理へと向けた。一九世紀に流行したメロドラマは、荒唐無稽な筋立てを特徴としていたが、主人公が予想もつかない事態に巻き込まれて苦労を重ねるものの、なんとか最後に安定と幸福を掴むというお定まりの展開を理解するには、観客は（舞台上での）登場人物の言動を見聞きしていればよかった。ところが、一九世紀末のヨーロッパからはじまった近代劇では、登場人物の内面がいかにうまく「伝わってくる」かどうか――つまり、舞台での表面的な言動を超えた見えないものを観客がリアルに想像できるかどうか――がすぐれた戯曲または演出・演技の基準となり、また観客もそれに応答するだけの感受性を培っていることが要求された。

リアリズム演劇では日常生活の中で起きる些細な出来事や、ちょっとした気持ちのすれ違いに焦点が当てられる。そうした微細な変化を感得するために観客は舞台を凝視していなければならない。メロドラマであれば多少集中力を欠いて見ていても、大体の筋は掴めるし、台詞や舞台装置がわかりやすく登場人物の心情や置かれている状況を説明してくれる。だがリアリズム演劇だと少しうとうとしただけで、なぜ今この登場人物は謎めいた微笑を浮かべているのかわからなくなる。なぜこんな自己犠牲を払うのか理解できなくなる。

集中し、凝視して舞台を見ることが慣習となると、観劇は純粋な娯楽ではなくなる。近代劇の観客は演劇を芸術として捉え、苦行にすらなりかねない長時間の観劇を慣習として受け入れるようになった。一八世紀頃からガス灯が導入されて、客席照明を消灯し完全暗転を作ることが技術的に可能になったにもかかわらず、イタリアのオペラ劇場を除けば、ヨーロッパの劇場では長らく上演中も客席は明るいままだったけれども（Schivelbusch 209）、最初期の近代劇の代表作の一つであるイプセン『人形の家』（一八七六）初演が行われる頃までには客席を暗くするようになっていったのも、その一つの現れだ。

暗闇にいる観客の長時間の集中や凝視に耐えうる舞台は、持続した直線的《リニア》時間を表象することになる。すでに一七世紀のフランスでは、演劇における事件は一日以内（時間の統一）で、かつ同一の場所で行われ（場所の統一）、かつ発端から結末まで一貫したものでなければならない（筋の統一）という三統一の法則の墨守が主張され、舞台上の時間は（現実がそうであると考えられているように）過去から現在、未来へと切れ目なく続いていく直線上に表象されるべきだという主張に正当性を与えていた。とはいえ、三統一の法則が守られていないと新古典主義者たちが非難したシェイクスピア作品をはじめとして、舞台における時間は断続的であることも、遡行することも、さらには回帰することもあった。芸人が入れ替わり立ち替わり舞台に登場して、歌、ダンス、漫談、曲芸、手品、動物芸などさまざまな持ち芸を披露するヴァラエティ・ショーは、時代と地域によりその名称は異なるものの、いつどこでも人気のあった舞台芸能だが、このヴァラエティ・ショーが提供するのは細切れの時間であり、現代の私たちがテレビをザッピングしながら見るように、ネットサーフィンで次から次へとリンクを追っていくように、集中や凝視をせずに楽しめるところにその最大の魅力があった。

近代劇はこのような多様な時間表象を抑圧して、持続した直線的時間だけを正統なものとした。歴史であれ、人間であれ、何かを模倣するという行為に本質的につきまとう不真面目さや胡散臭さに反撥したプラトン以来の演劇嫌い《アンチシアトリカリズム》の伝統は、ただ演劇を敵視し排除しようとするだけでなく、演劇を正統と異端、公権力によって認可されたものとそうでないものの二種類に分けることで、人間の情緒や感受性に訴えかけてくる演劇の強大な影響力をなんとか弱めようとしてきた。近代劇はこの演劇嫌いの伝統にすり寄り、何の変哲もない日常とその持続した直線的時間を模倣することで自らをもっとも演劇らしくない演劇、真面目で純粋な芸術だと標榜し、それ以前の演劇や芸能を不純でいかがわしいものとして自らと区別した。

このような近代劇運動を推進し、支持したのは都市居住ホワイトカラー労働者などからなる新中間層だった。節倹と勤勉を旨とし、富の蓄積にはさほど興味を示さないかわりに、学歴や教養を追求しそれを誇る知識階級としての新中間層は、一方で一九世紀のブルジョアジーがそれまでの王侯貴族たちを真似て社交の延長として足を運んでいた劇場で上演されていた旧来の台詞劇やオペレッタを退廃した芸術だと攻撃するとともに、他方で労働者階級の娯楽だった各種の芸能を低劣で卑猥なものとして忌み嫌った。

オペレッタやミュージカル・コメディのような音楽劇を直接の父祖に持ちながら、ヴォードヴィルやバーレスクといった芸能とも密接な関わりを持っていたアメリカン・ミュージカルもまた、生真面目な新中間層が家族で楽しめる娯楽として受け入れられるために、近代劇にならって何の変哲もない日常を題材にとり、持続した直線的時間を表象することを求めた。

しかしながら音楽劇はその成り立ち上、リアリズムでは表現できない部分を持つ。そもそも、統合ミュージカルでは登場人物たちが発話からナンバーへ「自然」に移行するように巧妙に見せかけるけれども、日常生活では、いくら感極まっても、散文による発語がいつの間にか歌になり、挙措進退がいつの間にかダンスになるようなことは起こり得ない。マクミリンは『ドラマとしてのミュージカル』でこのことを論じ、アメリカン・ミュージカルには「台本の時間《ブック・タイム》」と「歌詞の時間《リリック・タイム》」という二つの相異なる時間秩序が存在すると主張する（二〇）。前者は反復する時間で、後者は前進する時間、異質な二者を内包するのがミュージカルだ、というマクミリンの見立ては、創作原理としての統合と、統合の概念を用いての作品分析双方の有効性を疑義に付すものだ。けれどもその一方でマクミリンは、二〇世紀中葉に統合ミュージカルが流行した背景には新批評《ニュー・クリティシズム》が好んだ有機的全体性（an organic whole）への志向があったと指摘することで、これまで論じられてきたものと異なる、より高次の統合があると示唆しているようにも思える。

もっともマクミリンの主張は、もっぱら統合ミュージカルは本当は統合されていない、という趣旨だとこれまで解釈されてきた。統合ミュージカルとリアリズムの関係について論じたテイラーは以下のように説明する。

> 「統合している」と称してもよいミュージカル、つまり直線的物語を提供したいと願っているミュージカルは、リアリズムというフィクション（construction）に依拠している。そのフィクションの中では、観客は作品が作られている演劇的構造や、ブック・タイムとリリック・タイムの間の往還を無視する。不信の停止によって観客は筋と関わりのない歌の間ピットのオーケストラを「目にしない」し「耳にする」こともない。もっと重要なのは、演者が台詞から歌になる際、斉唱の際、さらには——もしかすると——演者が楽器を取り上げ、演じている役柄から一歩踏み出し、他の演者／役柄の歌う歌を伴奏する際、途絶の瞬間があり、テンポや言葉遣いが変わるにも

かかわらず、観客はそれを無視することを期待されているのだ。

現実に統合ミュージカルの観客が体験していることをこの主張が単純化してしまっているのは言うまでもない。なるほど、統合ミュージカルの「リアリズム」が、リアリズムの台詞劇とそのブック・タイムを無理やり手本とした《エミュレート》のは、集中し凝視することを通じて観客が自らの想像力のなかで登場人物の内面を（疑似的にではあれ）体感するという、リアリズム演劇ならではの特権的瞬間をミュージカルの観客にもたらすためだった。けれども統合ミュージカルの観客はナンバーにおけるリリック・タイム自体を無視したわけではない。二〇世紀中葉の合衆国において、リアリズムの台詞劇が持続した直線的時間を表象するだけでなく、登場人物の幻想を通じて別の時間形態を舞台上に持ち込んだのとちょうど見合う格好で、ミュージカルは音楽劇の複数の時間秩序とリアリズムの直線的時間といういいとこ取りをやって見せたのだ。

もっとも、『マイ・フェア・レディ』を論じる第六章で詳述するように、一方でミュージカルとは登場人物の心情を歌とダンスとして強制的に外形化して表示する装置なので、登場人物の内面を想像するもの、というリアリズムの台詞劇の観客の慣習を完全に取り入れてしまうことは自らの存立基盤を否定することにつながる。第七章で論じる『ウェストサイド物語』（一九五七）は、リアリズムを追求した結果、統合ミュージカルという制度が内破寸前のところまでいった作品だ。幕切れ、トニーの死体を前にしたマリアはナンバーを歌わない（写真1）。恋人の死という予想外の結末を目にして、ただ彼女は沈黙し、あるいは怒りに燃えてギャングたちを糾弾するだけで、自分がいかに悲しみと絶望に打ちひしがれているかを雄弁に語ってくれるはずの音楽の助けを借りない。スターンズ「ブロードウェイとオペラハウスのはざまに」で引用されるバーンスタインは、その理由を以下のように説明する。

大詰め、つまり劇的展開のぎりぎりの点に達すると音楽は停止し、台詞になる。トニーが撃たれると、マリアはその銃を拾って、〝あと何発残っているの？〟という驚くべき台詞を吐く。はじめはこれこそが全曲最大の山場のアリアになると思った。何度それを書こうと試みたか分からない。皮肉っぽい、速い曲にしてみようとも思った。レチタティーヴォ風にしてみようかとも思った。プッチーニばりの大袈裟なアリアにしてみようかとも思った。でも、どれも5、6小節で投げ出してしまった。それは贋物（phony）だった。（一部改訳）

バーンスタインはオペラのような音楽劇の約束事としてこの場面のマリアにアリアを歌わせてもよかったはずだが、それは贋物だと考えた。リアリズムが持つ「本物」の迫力、悲しみと絶望に打ちひしがれた人間は感情にまかせて言葉を発することはあっても、流麗に歌いあげることはない、という私たちが日常生活から学ぶ知恵が、ミュージカルをミュージカルたらしめている制度を否定する、という意味でこの場面は重要である。なぜならそれは、統合ミュージカルにおいてリアリズムが追及されたのは、芸術上の約束事より現実の社会での慣習が重視されたからであることを示唆するからだ。

写真1　『ウェストサイド物語』でトニーの死に直面したマリアが、オペラのようにアリアを歌うことはない（2:22:51）

神山彰は「リアリズムは『約束事』なしに分かるという利点を持っていた」と述べて、一九世紀以降のポピュラーシアターの隆盛がリアリズムと結びついていたことを説明する。これにならえば、統合ミュージカルでリアリズムが重視されるようになったのは、観客の大半を占めていた合衆国の新中間層が、教養を身につける手段の一つとして演劇の種々の約束事を習い覚えるという過程を忌避したからだと言えるだろう。手っ取り早く教養を手に入れたい、だがオペラやクラシックバレエのような、ただ見たり聴いたりするだけでは舞台での出来事をわがこととして捉えることができないものは敬遠する、というアメリカ人新中間層の姿勢はじつに虫がいいが、率直でもある。合衆国の社会が、絶えざる移民の流入ゆえ暗黙の了解による価値観のすり合わせがうまく機能しない、ローコンテクスト（エドワード・ホール）の社会であることもかの地で（ヨーロッパ大陸の他の国々よりも）リアリズムが追及された一つの理由だろう。

　そう考えると、ミュージカルにおけるリアリズムは、「音楽劇をわかりやすくする」という、これまで考察してきたよりもずっと下世話な理由もあって導入されたのだ、ということも押さえておく必要がある。音楽という純粋な形式が生み出す意味を「理解」するという、音楽的教養のない人間にとって困難で経験を必要とする作業にあたって、リアリズムは日常用いられている言葉でのやりとりを聞いて手がかりを与える。統合ミュージカルのナンバーには、登場人物が決意や翻意を台詞で説明した後に、その決意や翻意をなぞるようなかたちで歌われ、踊られるものがある。第五章で扱う『南太平洋』でいうと、第一幕第七場で歌われる「あの人を洗い流そう」だ。ネリーは「手遅れにならないうちに関係を断ち切ってしまうことにする」とエミールとの決別を宣言してから、「あの人を洗い流そう」と歌い始める（写真2）。大団円でカップルが結ばれるまでの過程で、女性が誤解からこの恋は成就しないと思い込んで歌う、ミュージカルのお約束事としての「偽の失恋の歌」だ、ということを知らない観客でも、ネリーがなぜ「あの人を洗い流そう」を歌うのかはっきりわかるようになっている。

これから歌われる歌や踊られるダンスが何についてのものであるか、あらかじめ台詞が説明するこのようなナンバーは数多くあるにもかかわらず、先ほど紹介したブロックによるナンバーと物語の統合の五つの形態では（『オクラホマ！』を例にとってのものであったこともあって）言及されていない。他にもミュラーの論文「フレッド・アステアと統合ミュージカル」が提案する、統合の度合いを示す五つの段階においても第四段階として「筋立てを豊かにするが、進ませはしない」が触れられているだけだ。おそらくそれは、統合についてのこれまでの議論がもっぱら、物語にとってナンバーがどのような機能を果たしているかという観点から行われ、歌や踊りにとっての物語の意味を考え

写真２　『南太平洋』でのネリーは、エミールとの決別をいったん言葉で説明してから、「あの人を洗い流そう」を歌う（0:55:24）

るという発想が欠けていたからなのではないか。音楽が主で物語が従であるオペラにおいては、物語は歌や踊りを導入する口実としてそれらしくあることが必要だったが、それ以上の統合を考える必要はなかった。それに対して、ミュージカルにおける統合をめぐる議論は、夾雑物としてのナンバーを物語のなかでいかに目立たなくさせるかで実作者たちは腐心してきた、という前提が研究者・批評家たちの間で共有されてきたように思える。

しかしながら「うまく統合されたミュージカル・プレイ」について言及したとき、ハマースタインは物語が主で音楽が従であると考えていたわけではなかった。なるほど彼は慣習とは逆に、自分が作詞してからロジャースが作曲するという手順にこだわったが、「物語のどれだけの割合を対話で語るか、歌で語るかを決めて」（15-16）から作詞にとりかかると明言している。そして「できるだけ音楽をたくさん使う」けれど、「空港に電話して飛行機の席を二席予約し、運賃が幾らかを問い、離陸時間を尋ねる」ような主題は歌うのに適していない、にもかかわらずグランドオペラではこれがレチタティーヴォで歌われるか、実際のアリアに組み入れられる。アメリカ人がこんな慣習を母国語で受け入れることはないと信じる（16）

と述べて、音楽と物語の新しい均衡をとろうとする。

実作者の立場からハマースタインとロジャースの考えていた統合の理想形を「新しいレチタティーヴォ」だと定義したのはバーンスタインだ。一九五四年一一月、ＣＢＳで放映されていた『オムニバス』シリーズではじめてテレビに出演し、ホスト役を務めたバーンスタインは、この番組に計七回登場することになった。第四回「アメリカン・ミュージカル・コメディ」はテレビ局をＡＢＣに変えて一九五六年一〇月に放映された。この放映回で一つのメロディをモーツァルトふう、ヴェルディふう、ワーグナーふうにピアノで弾きわけて、従来のオペラにおけるレチタティーヴォを紹介した後、

結局、私が今まで論じてきた叙唱はいかにも装飾的でオペラふうで、ぼくたちがブロードウェイ精神と考えているものの正反対のものなのです（一五四）

とまとめるバーンスタインは、アメリカのミュージカルは「とにかく、すべてがすぐれた物語の中に上手に組み入れられてい」（一六五）る（“somehow all cleverly integrated into a good story”[180]）ものだとハ

マースタインと同様な主張をしたあとに、模範的な例として『南太平洋』の「魅惑の宵」を挙げ、その新しさを以下のように説明する。

〈大きい歌〉が最後に登場する時も、以前そうだったように、台詞から突然歌へ変わるといったようなことはありません。そしてこれに成功したのは、ほかならない我々の旧友、レチタティーヴォ、つまり、素朴なアメリカの歌の形式に基づいた新しい種類の叙唱によってなのです。あの美しい独白の2重唱はその成果です。ぼくたちの使うアメリカの日常語は朗唱されるのを嫌います。あまりにもリズミカルで強弱が強すぎる言葉なので、自由に流れてゆかないからでしょう。しかしロジャースとハマースタインはこの新しい型の叙唱を使って、途方もなくオペラ風にならずに歌で筋書きを進めることができる。(一七七)

ここでバーンスタインが「新しい種類の叙唱」というのは、「語りつつ歌う」、すなわち言葉と音楽の一体化のことだ。したがって、ロジャースとハマースタインがやったことは、ワーグナーがその楽劇で追求したアリアとレチタティーヴォを混合する試みを「アメリカの日常語」で行ったことだ、と一九世紀オペラの問題意識の延長線上において二人の再評価をバーンスタインは行ったことになる。ところが、実作者としての実感がこもった、このような統合の形態について研究者・批評家が検討を加えた例は、管見によれば見あたらない。マクミリンはワーグナーについて触れて、「19世期オペラはレチタティーボを廃止して、ドラマ全体を形式的な歌にすることによって音楽劇の表現の幅を広げた」（一八、一部改訳）ことを述べているものの、オペラにおける言葉と音楽の一体化という問題が、アメリカン・ミュージカルにおいてはナンバーと物語の統合というもっと一般的な問題にすり替わっていることについて十分自覚的ではない。

換言すれば、ナンバーと物語の統合は実作者たちの手を離れ研究者・批評家の議論になるにつれて、より広範囲で様々な形態の統合についての問題になった。他方で、八〇年代以降のメガ・ミュージカルが、第二節で触れたように作り手の意図を完璧に実現することにそれまで以上にこだわり、さまざまなテクノロジーを利用することを通じて、観客が（現代における大劇場でのオペラ上演の大半がそうであるような）作品の「全体性」を体験するという意味での統合を実現するようになる。(6)ロジャースとハマースタインが、バーンスタインが、考えていたようなささやかな統合、ささやかだが黄金期ミュージカルの課題として中心的位置を占めていた統合は注意を払われなくなる。

モーデンが「韻を理解しない［作詞家ティム・］ライスの耳」と批判し、クラムが「気の利いた歌詞を書く芸は今や失われてしまった」と嘆いたことをもう一度思い出そう。あるいは第六章でも紹介するように、バーナード・ショーの戯曲『ピグマリオン』を原作にミュージカルを書くという提案をされて、コール・ポーターが「［イギリス］英語」の歌詞を書く困難さを予測して断った、という逸話でもよい。バーンスタインが信じていたように、「リズミカルで強弱が強すぎる」アメリカの日常語を使い、言葉が音楽のように語られ、音楽が言葉のように聞こえるような歌詞と曲を作曲家と作詞家の密接な共同作業によって書くことが「統合されたミュージカル・プレイ」だと考えられた黄金期は終わってしまったのだ。

【註】

(1) モーデンは『もう一度キスを』の「結論」でも「一九七〇年代末までに黄金期は終わった」と書いている。そして「なぜ終わったかを理解するために、最初から始めよう」と続けて、「結論」の大半を一九世紀から始まるミュージカル史の概観に費やす。その記述内容は有益だが、終わり近くになってようやく持ち出す理由は、「金と音楽」――制作費用が増えたから、ポピュラー音楽の主流がロックに変わったから――で、竜頭蛇尾の感がなくもない。それでも「時代がおいおい明らかにするだろう」とも書いているので、翌年に刊行された『私が見たなかでいちばん幸せな死体』にはもっとはっきりと書いてあることを期待していたが、結局これも空振りだったわけだ。

(2) ジョーンズは、ギルバート&サリヴァン『軍艦ピナフォア』が一九世紀末の合衆国で大流行し、とりわけ一八七八年から八〇年にかけて海賊版上演を含め一五〇以上の劇場で上演されたことを指摘して、『軍艦ピナフォア』をはじめとするギルバート&サリヴァンによるサヴォイ・オペラの筋立てに見られる、少女が少年と「出会い、失い、取り戻す」という定石がアメリカン・ミュージカルに与えた影響を強調する。なるほど、サヴォイ・オペラが合衆国で歌入りコメディのお手本になったことは確かだが、同様の定石はシェイクスピアやモリエールのような台詞劇のコメディも採用しているし、合衆国の音楽劇の台本作家たちは当然そうした作品についても熟知していただろう。

(3) たとえばリカードは、映画界が「自主規制」として一九三四年に導入を決定した映画製作倫理規定(いわゆるヘイズ・コード)によって「禁じられた考えは映画テクストの中に偽装され、暗号化されて、探そうとしない限り見つからない」(74)ようになった、と主張する。しかし受動態で書かれ動作主が明らかにされないこの文が端的に示すように、作り手たちが観客ととり結ぶ「共犯関係」は、(リカードが示唆するような)作り手たちの意識的操作としての「偽装」「暗号化」でもない。なるほど、同性愛や異人種間結婚をふくめ、大半の性的描写を禁じたことで悪名高いヘイズ・コードに憤り、その裏をかいてやろう、と一部の作り手たちが意識的に取り組んだことはラッソの古典『セルロイド・クローゼット』(一九八一)など多くの研究が明らかにしているとおりである。けれども本書での「共犯関係」は、作り手たちが作品内において無意識の欲望を露出させることにおいて半ば無自覚であるがゆえにいっそう観客と結託する余地が生まれる奇妙なメカニズムを指している。観客の立場からそれを比喩的にいえば、長い間同居している相手に風変わりで世間からは指弾されかねない悪癖があることを知りつつ、おっくうでそれを指摘しない、あるいは間近で目撃してその際は不愉快な思いをしてもすぐに見たことすら忘れてしまう、というようなものである。そのような共犯関係のもとでは、悪癖の持ち主のほうも自分にそんな悪癖があることを半ば忘れている。定型の物語からのゆがみやひずみはそうやって放置されてきたのだ。

(4) モーデンによると『シェルブールの雨傘』を最初にポップ・ミュージカルと呼んだのは批評家ケン・マンデルバームだが、モーデンはそれがいつどこでのことなのか説明していない。ただし、マンデルバームの『「キャリー」以降皆無:ブロードウェイ・ミュージカル失敗作の四十年』では、『レ・ミゼラブル』『スターライト・エクスプレス』(一九八四)など、モーデンも挙げる作品をポップ・オペラとして言及している。また、一九八九年九月ロンドンで初演された『ミス・サイゴン』を演出したニコラス・ハイトナーは、『ブーブリルとシェーンベルクのミュージカルの世界』においてその著者ヴァーメットのインタビューに答えて「[ブーブリルとシェーンベルク]はポップ・オペラを書いているのだと心底信じている」「最初から最後まできわめて情緒的「オペラ的な高みにまで達している」と答えている。さらに、二〇〇〇年一〇月ロサンゼルスで上演され、二〇〇四年五月からオフ・ブロードウェイで上演されたロック・ミュージカル『ベア』は副題を「ア・ポップ・オペラ」としていたが、モーデンのいうようなポップ・オペラではなかった。この作品は二〇一三年九月にロサンゼルスで再演されたときには副題を「ザ・ミュージカル」と変更している。一方、カールは『未完成のショウ・ビジネス』で、『ジーザス・クライスト・スーパースター』(一九七二)以降のアンドリュー・ロイド・ウェーバー作品を「ポペレッタ」(ポップ+オペレッタ)と呼んでいる。

(5) 本章を書いている最中に、イヴォ・ヴァン・ホーヴェ演出、アンヌ・テレサ・ドゥ・ケースマイケル振付による『ウェストサイド物語』プレヴュー公演がブロードウェイ劇場で始まっているが、正式な初演は二月半ば過ぎとなるためまだ公演評は届いていない。また今年（二〇二〇年）はスティーヴン・スピルバーグ監督、トニー・クシュナー脚本の映画『ウェストサイド物語』の公開も予定されており、黄金期ミュージカルをどう演出するか、という課題は更なる回答を得ることになる。

（6）ワーグナーが「未来の芸術作品」（一八五〇）において「総合芸術作品（Gesamtkunstwerk）」を提唱したことを引き合いに出すのは、統合ミュージカルを論じるにあたってもはや定番と化した感がある。しかし「未来の芸術作品」はたんに各種の芸術を統合することが提案されているのではない。「各種の芸術は、自分自身を完全に捧げる場合に、完全に自分自身を保持する」（一五六、傍点原文）という前提のもとで「直接的存在と感覚的現実だけを……頼りとしている」（一五一）公共性が芸術に宿る必要があると主張し、「芸術の真の努力は、一切を包括しようと努めること」（一九三、傍点原文）で、未来の芸術作品は「生に基づき芸術家の協同組合を通して展開される」（二一三）ものだと主張するワーグナーは、エゴイズムを否定し個の共同体への埋没が芸術の理想だと考える点において、政治的な全体主義と（しばしば漠然と考えられている以上に）親和性を持つ。それにくわえて、各感覚器官への刺激が閾値を超えて「飽和」することで得られる全体性の経験（＝各感覚器官への入力値の総和以上のものを体験しているという実感）を目しているという点で、八〇年代以降のメガ・ミュージカルの観劇体験を先取りしていると言える。言うまでもなく、テクノロジーの発達によってはじめて実現し得たこのような全体性の体験は、二〇世紀中葉に考えられていたささやかな統合によってもたらされる経験とは本質的に異なる。

【引用文献】

Bernstein, Leonard. *The Joy of Music*. Simon & Schuster, 1959.
Block, Geoffrey. "Integration." *The Oxford Handbook of the American Musical*, edited by Raymond Knapp, Oxford UP, 2011.
Brantley, Ben. "Our Gangs," *New York Times*, Mar. 19, 2009 C1 of the New York edition.
Clum, John M.. *Something for the Boys: Musical Theater and Gay Culture*. St. Martin's Press, 1999.
Gorbman, Claudia. *Unheard Melodies: Narrative Film Music*. Indiana UP, 1987.
Jones, John Bush. *Our Musicals, Ourselves: A Social History of the American Musical Theatre*. Kindle ed., Brandeis UP, 2014.

Kirle, Bruce. *Unfinished Show Business: Broadway Musical as Work-in-Progress*. Southern Illinois UP, 2005.

Mandelbaum, Ken. *Not Since Carrie: Forty Years of Broadway Musical Flops*. Kindle ed., St. Martin's Press, 1992.

Mordden, Ethan. *Anything Goes: A History of American Musical Theatre*. Kindle ed., Oxford UP, 2013.

—. *One More Kiss: The Broadway Musical in the 1970s*. Palgrave Macmillan, 2003, Kindle ed., St. Martin's Press, 2015.

—. *The Happiest Corpse I've Ever Seen: The Last Twenty-Five Years of the Broadway Musical*. Kindle ed., St Martin's Press, 2004.

Mueller. John. "Fred Astaire and the Integrated Musical," *Cinema Journal*, vol. 24, no. 1, Autumn 1984, pp. 28-40.

Rickard, Sue. "Movies in Disguise: Negotiating Censorship and Patriarchy Through the Dances of Fred Astaire and Ginger Rogers." *Approaches to the American Musical*, edited by Robert Lamson-Peebles, U of Exeter P, 1996, pp. 72-88

Russo, Vito. *The Celluloid Closet: Homosexuality in the Movies*. Harper & Row, 1981, Rev. ed., 1987.

Stearns, David. "West Side Story: Between Broadway and the Opera House." *Leonard Bernstein Conducts "West Side Story."* Deutsche Grammophon, 1985.

Taylor, Millie. *Musical Theatre: Realism and Entertainment*. Kindle ed., Routledge, 2012.

Vermette, Margaret. *The Musical World of Boubil and Schonberg*. Kindle ed., Applause Books, 2007.

Wells, Elizabeth A.. *West Side Story: Cultural Perspectives on an American Musical*. Kindle ed., Scarecrow Press, 2010.

神山彰「新刊書評討論　斉藤偕子『19世紀アメリカのポピュラー・シアター　国民的アイデンティティの形成』」「西洋比較演劇研究会　例会記録と報告　第一五九回例会報告（二〇一一年四月九日・成城大学）」『西洋比較演劇研究』、論創社、二〇一〇年一二月。

スターンズ、デイヴィッド・パトリック「ブロードウェイとオペラハウスのはざまに」奥田恵二訳、ＣＤ『バーンスタイン：ウェスト・サイド・ストーリー』（ＰＯＣＧ－３９５４）Deutsche Grommophon, 1998.

バーンスタイン、レナード『音楽のよろこび』吉田秀和訳、音楽之友社、一九六六年。

マクミリン、スコット『ドラマとしてのミュージカル　ミュージカルを支える原理と伝統的手法の研究　カーンからソンドハイムまで』有泉学宙訳、彩流社、二〇一五年。

第一部　映画ミュージカル

第一章

現実に立ち向かえ《フェイス・ザ・ミュージック》

――『気儘《まま》時代』（一九三八）における精神分析

超自我を修正してもっと制御しやすいものにし、とりわけセクシュアリティの規制において現実主義的にすることが一九二〇年代以降の精神分析療法の大きな目標だった。(Hale 387)

1　はじめに

フレッド・アステアとジンジャー・ロジャースのコンビによるRKO製作の『気儘《まま》時代』は、じつに奇妙な作品である。

ミュージカル映画を標榜しながら、ナンバーが四曲しかない、という点も異例だが、アステアが精神分析医トニー・フラッグ博士を演じているのもおかしい。それまでの作品でアステアはダンサーや元ダンサーを演じ、ナンバーを劇中劇の扱いにすることで、対話からナンバーへの移行が不自然に見えないようにするための工夫をそれ以上せずにすんでいた。一九三〇年代に量産されたアステア&ロジャースもの第八作になる本作で、なんとか目先を変えようとするのはわかるものの、よりによって精神分析医なのはなぜなのか。その結果、ミュージカル映画におけるナンバーは二人のカップルの恋の進展を描き出すはずなのに、『気儘時代』はナンバー構成の点からはありきたりのものだが、ナンバーを支える筋立ては全くもってありきたりではないし、ナンバーの意味を根本的に変えてしまう」とギャラフェントが示唆するように(82)、本作ではナンバーは物語に統合されず、物語の進行を妨げるものになってしまっている。

本章では、アメリカ社会にフロイト派精神分析の諸概念、とりわけ『夢判断』（一八九九）の内容が単純化され「俗化」されて普及していく過程と、ミュージカル映画の発達がほぼ時期を一にしていたことに注目し、『気儘時代』が俗流フロイト主義や精神分析医を諷刺しつつ、精神分析のイデオロギーに取り込まれていることを示す。スクリューボール・コメディとミュージカルを足して三で割ったような出来がいいとはいえないこの作品が、「現実に立ち向か《フェイス・ザ・ミュージック》」うことが「社会的意義のある歌を歌う」（"Sing Me a Song with Social Significance"）ことを意味していたはずの一九三〇年代において、（性的）欲望の適切な管理という俗流フロイト主義の核に埋め込まれた強迫観念を反復することで現実に立ち向かっていたことを示す。

2　『気儘時代』における俗流フロイト主義

ロジャースが演じるアマンダ・クーパーは、ラジオのレギュラー番組をもつ歌手でダンサーだが、スティーブン・アーデン（ラルフ・ベラミ）と婚約をこれまで三回破棄している。スティーブンは心配して大学時代の友人で精神分析医をしているトニー・フラッグの診察を受けさせるが、トニーが診察の前にメモ代わりに残していた音声記録を偶然聞いてしまったアマンダは、そのなかで自分を「優柔不断な、愚かで、浅はかで、不適応のよくある女性がまた一人」[1]（9）だとトニーが評しているのを知って、トニーに対し反抗的な態度を取ることを決める。

この出だしの設定は、これまでのアステア&ロジャースものでおなじみのものだ。すなわち、二人の最初の接触はつねにうまくいかない。アステアが必ず何かヘマをして、ロジャースはアステアについて悪い印象を抱く。物語は、いかにアステアが当初の失策を乗り越えてロジャースと結ばれるかをめぐって展開する。

他方、『気儘時代』は型通りの展開にひねりを加えてもいる。これまでの作品では「優柔不断」なのはロジャースだけだった。アステア&ロジャースものにおけるロジャースの役どころは、自分の本心を押し隠して、男を手玉にとり、最後には破滅させる古典的な「運命の女《ファム・ファタール》」と似ているようで異なる。なるほど、ロジャースも「運命の女」同様、男には「読めない」言動をとることでアステアを振り回すのだが、それは彼女が自分の本心を自分でもわかっていない、すなわち真の欲望を知らないからだ。ロジャースはアステアのことが本当は好きなのに、「女だから」＝「愚かだから」そのことを自覚できず、結果としてアステアを手ひどくはねつけ、混乱させる。対照的にアステアは自分の欲望をよく知っている。自分がロジャースを愛しており、最終的にはロジャースも自分の気持ちを受け入れてくれるとわかった上で、ロジャースの心ない言動にくじけることなく口説き続ける。

デルポイの神殿に掲げられていたという「汝自身を知れ」という格言が西欧の知の在り方を根本的なところで規定していたとすれば、フロイトの精神分析はそれを「汝の欲望を知れ」と書き換えたといえる。そして一八九六年に発表された論文「ヒステリーの病因について」からはじまるフロイトのヒステリー論が女性のヒステリー患者の臨床経験をもとに書かれたことが示唆するように、初期の精神分析では、己の欲望を知るのは男性であり、女性は男性から自分の知らない自らの欲望を教えられることになる。このような女性とその欲望にたいする精神分析の謬見をそのまま反復して、アステア&ロジャースものではアステアがロジャースに彼女の欲望を教えることで二人は結ばれる。

ところが『気儘時代』では、ロジャースだけでなく、アステアもまた自分の欲望を最後まで知ることがない。なるほど、アステア演じる精神分析医トニーは、「[精神分析の目的は]意識と潜在意識の完璧な協調が得られるように骨折る」ことだと説明すると「最初は精神分析をしてもらいたいかわからなかったけれど、今ははっきりされたくないわ」(11)と撥ねつけるアマンダに困り果てた挙句、「お願いだから、僕はただ、君が自分自身を発見する手伝いをしているだけだってわかってほしいな」(12 傍点引用者)と、それまでの作品には見られない明瞭さで、精神分析における男性と女性の非対称的関係を提示する。けれどもトニーは、鏡に写った「潜在意識の自分」(!)が「お前は彼女を愛している」と教えてくれるまで、自分のアマンダに対する恋心を知ることはない。

医者の不養生という使い古された言葉を持ち出さなくても、作り手たちが精神分析とその効能を茶化そうとしていることはこれだけでわかる。すでに一九二〇年代には精神分析を性的解放の方法だと考える大衆信仰が生まれ、「リトル・ブルー・ブックス」というシリーズで『精神分析におけるセックス』『睡眠と性夢についてのフロイト』のような一般読者向けの解説書が次々と出版されていたことはネイサン・ヘイルの『合衆国における精神分析の勃興と危機』が示す通りで(76-77)、猫も杓子も精神分析といった社会状況を諷刺しようという意図が作り手たちにあったことは見てとれる。トニーは何度か「やぶ医者」(quack) と言われるが (池のアヒルが「クワック!」と鳴くカットまである)、それはトニー個人に向けられたものというより、精神分析医一般をうさん臭く思う世間の声を代表したものだったろう(2)。

興味深いのは、作り手たちがそのような諷刺をするにあたって、精神分析について相当程度理解していたことだ。本作は当時の精神分析の知見が随所に取り入れられており、精神分析の流行に対する皮相的な反撥から精神分析医を滑稽に描くだけではないように思われる。たとえば、精神分析では嘘をつけない、患者がどんなに否認しようと、真実を覆い隠そうとしてでっち上げる物言いにかえって真実が現れる、ということがある。アマンダが夢判断を受ける場面を見てみよう。アマンダは「僕には色が見えていなかった」のナンバーをトニーと踊るという夢を見て、自分がトニーに恋心を抱いていることに気づいてしまう。診察室でトニーが求めるように夢の内容を率直に語って聞かせることはできない、と判断した彼女は、その場を取り繕うために『赤ずきんちゃん』の夢を見た、と出まかせを述べる。自分は赤ずきんちゃんではなく、オオカミになり歯を向いてうなっていたのだが、次の瞬間赤ずきんちゃんに、さらにはたくさんの数字に変わる、と語るアマンダに「数字とは?」とトニーが問うと、アマンダは一瞬ためらってから「自分はラジオのダイヤルになったのだ」と答え、「どうやら一晩中、何千人もの人々が、ずっと私のスイッチを入れたり、消したりしていた」(keep turning me on and off, 31) と続ける。

『赤ずきんちゃん』のずきんの赤は生理の経血を表し、赤ずきんちゃんがおばあさんの警告を守らずにオオカミに食べられてしまうことは破瓜を意味すると最初に説いたのはエーリヒ・フロムで、一九五一年に英語で出版された（日本語には未訳の）『忘れられた言語――夢、おとぎ話、神話の理解入門』においてだが、これは一般読者向けの啓蒙書で、フロムがいつ『赤ずきんちゃん』の象徴的解釈を流布し始めたのかは定かではない。フロムは一九三四年にナチスの迫害を逃れるためジュネーヴ経由でニューヨークにやってきて、三〇年代はコロンビア大学で教鞭を執っていたから、あるいはこのことは一九三八年の『気儘時代』制作時には知られていたことだったかもしれない。

たとえ『赤ずきんちゃん』の象徴的意味を作り手たちが知らなかったとしても、「性的に興奮させる」（turn on）という表現がラジオのスイッチのオン・オフに重ね合わされて巧妙に滑り込まされているのは意図的なものだろう。その後もアマンダは自分の変身譚を語り継ぐ。突然カエデの木――カエデの花言葉は慎み（reserve）である――に変わった彼女は近道を通って川を渡ろうとするが、サメ（dogfish）が現れて噛みつこうとする。それから後ろを振り返ると、何千匹ものリスが飢えたオオカミのように彼女に向かってくる。四方八方から襲ってくるので、彼女は逃げられず、リスの歯で噛みつかれたと言ってアマンダの偽の告白は終わる。

この直後に「彼女はノイローゼと抑圧のオンパレードだ、こんなのははじめてだ」(33) とトニーが同僚のパワーズ博士に興奮して話すとき、トニーはアマンダが見た夢の内容を正直に話していると信じ込んでいる。だが精神分析では原理的に嘘をつくことはできない。偽の告白ですらも、一片の真実を含んでいる。なるほどトニーは、アマンダが自分に恋していることに気づかなかったかもしれないが、アマンダが自らの性的抑圧によって混乱しているという別の真実を正しく言い当てている。もっと正確に言おう。本作は、アマンダが自らの性的抑圧によって混乱しているという別の真実をトニーが正しく言い当てるというエピソードをもりこむことによって、精神分析は患者が嘘をついても患者の潜在意識で抑圧されていた真実を明らかにできる、という精神分析の根幹にあるイデオロギーを観客に刷り込むことに成功している。

抑圧されたものの回帰という、フロイトがフェレンツィ・シャーンドルへの一九一〇年一二月六日付の手紙ではじめて公にし、それ以降もたびたび著作で触れることになる見解を、『気儘時代』の作り手たちがよく理解している証拠は他にもいくつかある。まず、トニーが作品の冒頭で語ることに耳を傾けてみよう。「僕たちはみな現実から逃避しようとする。僕たちはみな本当の自分とかけ離れた何かになりたいと思っている。僕は子供の頃、消防士になりたかった」(7)。しかし彼は本当に子供の頃「本当の自分とかけ離れた何かになりたい」と考えていたのだろうか。炎が燃えさかる情念を象徴するのなら、消火活動にあたる消防士は欲求を昇華するのに手を貸す精神分析医の謂いということになる。トニーは自らの願望を抑圧したつもりだが、実際には別のかたちでそれをかなえていた。

もう一つの例は言及するのもためらうほど露骨なものだが、管見によれば先行研究では指摘されていない。先ほど言及したトニーによるアマンダの夢判断は、普段夢を見ないと答えるアマンダに何とか夢を見せようと、「夢を誘引する食べ物」(23)をトニーが注文する、という場面の後に続くものだった。このレストランの場面でトニーは、そのおぞましさに身悶えするウェイターを尻目に、ホイップクリームを添えたシーフード・カクテル、ロブスターとたっぷりのマヨネーズ、バターミルクをかけたキュウリ、ストロベリーのショート・ケーキを注文する（実際にシーフード・カクテルの次にテーブルに運ばれてくるのは、卵トーストに大盛りチーズで、ストロベリーのショート・ケーキは映像には登場しない）（写真1）。クリーム色をした濃厚なもの、つまり精液を連想させるこれらの食事を、トニー、スティーブ、アマンダ、アマンダの叔母コーラという四人の男女がとった後、男たち二人は気分が悪くなってしまう。対して女たちは元気になる。

写真1　トニーはスティーブ、アマンダ、コーラとレストランでの会食の際、アマンダのために「夢を誘引する食べ物」を注文する（00:19:43）

一九三〇年に映画製作倫理規定、いわゆるヘイズ・コードと呼ばれた自主検閲基準が導入されて、ハリウッドはそれまでのあけすけな性描写を断念せざるを得なくなる。後ほど詳述するように、『気儘時代』はミュージカル映画でありながら、当時流行していたスクリューボール・コメディの特徴を多く兼ね備えているが、「セックス抜きのセックス・コメディ」（Sarris 8）とよばれたスクリューボール・コメディが流行したのはポスト・ヘイズ・コード時代だから、ということもあった。ヘイズ・コードの導入を決めたアメリカ映画製作配給業者協会に挑戦し、性的な事柄は抑圧しても回帰してくるとフロイトにならって宣言するかのように、この映画では精神分析という隠れ蓑を使って、アマンダが性的欲求不満に悩まされていることを読者に示唆する。

もっともこの作品では、精神分析の知見をあちこちで披露しながらも、そのような知見を精神分析医であるトニー本人はそう大して持ち合わせていない、という皮肉な設定をとっている。前記の二つの例でも、トニーは自分が子供の頃の夢を実はかなえているとわかっていないし、自分たちが食べたものが象徴としての精液だから、自分たち男は気持ち悪くなったのだ、ということに思いをいたすことはない。そもそも自分がアマンダに抱く恋心も当初はわかっていないのだから、池のアヒルならずともヤブ医者、と言いたくなるところだ。

とはいえ、精神分析の観点から象徴的意味に満ちている世界で、象徴を解釈することが不得手な精神分析医が右往左往する、という『気儘時代』の趣向は、そのままこの作品の駆動力となっている。トニーは自分に対するアマンダの愛情を（作品中でその言葉は使われないものの）患者が分析家に転移を起こしたものだと考え、その感情が婚約者であるスティーヴンに正しく向かうように「治療」を行うからだ。だがその治療は、当時にあってもいささか時代遅れな催眠療法である。

それでも最初の試みは、アマンダの抑圧を解くために麻酔薬を使うという真っ当なものだ。とはいえ、アマンダの入眠直後にトニーが用事で席を外すと、ラジオの生放送の出番が一〇分後だから急ぐようにと入ってきて知らせるスティーヴが、トニーの知らないうちに彼女を外に連れ出してしまうことがきっかけで大騒動が起きる。付き添っていたスティーヴが目を離したすきに、催眠がとけないまま街へふらふらと出て行ったアマンダは、行き交う車の列に割って入って交通を渋滞させ、トラックの積荷として運ばれていた巨大なガラス板を割り、挙げ句の果てにはラジオの生放送で番組のスポンサーであるセンテラ歯磨きだけは使うなと叫ぶ。数々の「してはいけないこと」をしでかし、好き放題に振る舞うアマンダを見て、当時の観客は笑うとともに「抑圧からの解放」「人間の本能の追求」が文明を破壊するかもしれない、という俗流フロイト主義とその浅薄な理解がもたらした懸念を味わうことになっただろう。

けれどもアマンダの夢についての説明がデタラメだったことを知り、彼女が自分に抱く愛情を認識した後のトニーが行う二度目の催眠治療は医学ではなく、たんなる催眠術だ。目に光を当てて催眠状態にさせた後、トニーは自分の言葉を復唱するようにとアマンダに命じ、「私はスティーヴンを愛している。私はスティーヴンと結婚する。フラッグ博士は恐ろしい怪物だ。あの男のような人間たちは犬のように射殺されるべきだ。私はトニーを愛していない。トニーは私を愛していない」(59)と繰り返し言わせて自己暗示にかける。アマンダは自分の意思に反してスティーヴンを愛するようになる。

さらにこの後、トニーは自分がアマンダを愛していることを「潜在意識の自分」に教えられると、自分のかけた催眠術を解こうとして、スティーヴの監視の目をかいくぐってアマンダと接触する。ナンバー「チェンジ・パートナーズ」のダンスは、偽の長距離電話で呼び出されたスティーヴが席を外した隙に、トニーが「一言話させてくれ」と言ってアマンダに近づき、「いやよ」(73)と答える彼女を両手の動きによって意のままに操りながら踊るもので、アステアが手繰る見えない糸によって機械仕掛け人形のロジャースが踊っているように見える。趣向としては楽しめるものの、女性の意志をコントロールする催眠術＝精神分析というイデオロギーが当然のこととして扱われているさまは現代の私たちの目にはいささかグロテスクに映る。

ところが運悪く、ハワイからの長距離電話がトニーの看護師であるコナーズ（ジャック・カーソン）が正体を偽って近くからかけていたものだと見破ったスティーヴがアマンダのもとに駆けつけることで催眠術を解けずに失敗に終わる。そしていよいよスティーヴとアマンダの結婚式という日に、コーラの手引きもあって式場の花嫁控室に侵入したトニーとコナーズは、アマンダを殴って気絶させることで催眠術を解こうとするが、トニーは拳を構えて殴ろうとするものの「こんなことはできない」（77）と言ってやめてしまう。だがちょうどそのとき、トニーたちを追ってきたスティーヴがトニーに殴りかかり、身をかわしたトニーのかわりに殴られたアマンダが気絶するので、トニーは「僕の言うことを復唱して。トニーはアマンダを愛している」（78）と囁く。次の場面で、ワーグナー『ローエングリーン』から「婚礼の合唱」が鳴り響くなか、スティーヴのかわりにトニーが、片目の周りを黒く腫らしたアマンダと腕を組んで入場してくるところで作品は終わる。

3　『気儘時代』とスクリューボール・コメディ

当時の観客であってもこの結末には驚いただろう。その急転直下の解決自体にというより、

「チェンジ・パートナーズ」のダンスのとき以上にアマンダの意思を排除することで解決をしてしまうその強引さに、である。トニーはスティーヴに向かって「[自分が催眠術を使って植えつけた]あの不自然な考えを彼女の精神から取り除き、そのあとで彼女に二人のどちらかを選んでもらうのが公平だ」(68)と言っていなかったか? 実際にトニーがやったことは、「取り除く」ことではなく、新たな考えを植えつけることだった。物語後半において、ヒロインであるはずのアマンダは自分の意思をまるで発揮しない。

この奇妙さは精神分析のミソジニー性だけでなく、スクリューボール・コメディというジャンルの特異性を考えることで、もう少し説明できるように思われる。スクリューボール・コメディは、一九三〇年代から四〇年代初めにかけてハリウッド映画で流行したロマンティック・コメディの一亜種で、主役カップルの間の深刻な諍いと辛辣なやり取りをその特徴とするもの、とひとまず言えるだろう。その源流や厳密な定義についてはここでは立ち入らない。一九三〇年代に量産されたアステア&ロジャースものは同時代のスクリューボール・コメディに影響を受けており、『コンチネンタル』(一九三四)と『トップハット』(一九三五)がその例として挙げられることが多いが、スクリューボール・コメディの特徴がもっともよく現れているのは本作『気儘時代』だろう。予定されていたカップルの結婚式が直前になって取りやめになり、三角関係にあったもう一人の男が女と結婚する、という『気儘時代』の筋立ては、スクリューボール・コメディの代表作として取り上げられてきた『或る夜の出来事』(一九三四)と『フィラデルフィア物語』(一九四〇)にも見られるもので、『コンチネンタル』や『トップハット』にはないものだ。

他にも『気儘時代』が備えているスクリューボール・コメディの特徴はいくつもある。たとえばシャムウェイによれば、スクリューボール・コメディはその遠い先祖である牧歌劇《パストラル》以来の、文明から隔絶された場所を舞台とするという設定を少しひねり、富裕層が行楽の場所としていた都市の郊外を舞台とするというのだが、これはシャムウェイが挙げる『或る夜の出来事』『フィラデルフィア物語』に当てはまるだけでなく、大半の事件がメドウィック・カントリークラブなる場所で起きる『気儘時代』にも言えることだ。二一世紀の日本でもゴルフ場の名前として残るカントリークラブは二〇世紀初頭に合衆国の郊外化とともに発展したブルジョア紳士淑女の社交場であり、その多くはメドウィック・カントリークラブ同様、射撃場やサイクリングコースを備えていた。

だが『気儘時代』がもっともスクリューボール・コメディらしいところは、女性主人公の内面の取り扱いにある。一般にロマンティック・コメディがいささか現実離れした設定と展開とを持ち味とするなら、リアリズムを基調とするスクリューボール・コメディは、女性主人公が（見かけ上）主体性を発揮し、男性主人公と丁々発止のやり取りを繰り広げるところにその特徴があった。男の言いなりにならない、従順でない女が出てくるところに当時の観客はリアリティを感じ、ロマンティック・コメディが本質的に夢物語でしかないことへの不満を幾分紛らわせることができたわけだが、だからといって「自立した」女性主人公が男性主人公に最後まで逆らい続けることはなく、結末で女性は意地をはるのをやめて素直になり、男性と結ばれるという「夢」が描かれることには変わりはない。

「現実」としての両性間の主導権争いから、「幻想」としての男性に対する女性の服従へ。スクリューボール・コメディの作り手たちは、無理のないその移行に腐心する一方で、それがジャンルの約束事《コンベンション》でしかないことをあえて暴露するかのように、女性主人公が突然従順になる、という筋立てを用いることも少なからずあった。たとえば舞台ミュージカル『キス・ミー・ケート』（一九四八）とその映画化（一九五三）では、原作となる『じゃじゃ馬ならし』（一五九四）を上演するという劇中劇の構造をとることで、キャタリーナ役を演じるリリーが、元夫でペトルーキオ役を演じるフレッドのもとに戻る経緯を原作以上に唐突で不可解なものにみせている。原作者バーナード・ショーの暗黙の了解のもとに戯曲の結末を改変した『ピグマリオン』（一九三八）は、イライザがヒギンズ教授と口論して袂を分かったように見えながら、なぜか彼のもとに戻るという展開にした点で、スクリューボール・コメディふうに書き換えたのだと言えなくもない（なお、スクリューボール・コメディとして通常分類されている『特急二十世紀』（一九三四）も、過干渉のせいで育てた女優に逃げられた演劇プロデューサーのところに、最後にその女優が戻ってくるというもので、三八年映画版『ピグマリオン』との共通点が見られる）。

途中までリアリスティックに描かれてきた女性主人公の内面が、ジャンルの約束事を墨守するために突然消失する。スクリューボール・コメディの多くに見られるこのような特徴を、自己言及的なパロディにしたのが『気儘時代』であるといえば、この作品の結末の異様さはある程度理解できるものになる。アマンダの意思はトニーの催眠術によって植えつけられた「偽の」意思だと批判するのは、『フィラデルフィア物語』で、トレイシーが婚約者ジョージと結婚できないと遅まきながら決めたにもかかわらず結婚式が始まってしまったので、元夫のデクスターの求婚を受け入れてかわりに結婚するのは馬鹿馬鹿しすぎる、と批判するのと同じぐらいお門違いである。(3) 観客の期待通り、主役カップルが結ばれるのだから文句を言うべきではないのだ。

4 「現実に立ち向かえ《フェイス・ザ・ミュージック》」という呪文

『気儘時代』はスクリューボール・コメディの約束事をパロディにしているだけでなく、それまでのアステア&ロジャースものの約束事を逆手にとっている。第二節で触れたように、アステア&ロジャースものにおいてロジャース演じる女性主人公は、アステア演じる男性主人公の求愛を何度も撥ねつける。それもあって、一般向け概説書だとロジャースは「頭空っぽの金髪女」(flippant blonde)をその役どころとしていた、と説明されることが多い。けれどもロジャースが求愛を拒絶するのは、アステアが(勘違いではあるものの)既婚者だったり(『トップハット』)、勤務先のダンススクールから解雇されるきっかけを作った男だったり(『有頂天時代』[一九三六])、正体を偽って自分に近づいてきた上に勝手に結婚の噂を流すような人物(『踊らん哉』[一九三七])だったりするからなのだ。通常の判断力を持っていれば当然するはずの選択をしたに過ぎないロジャース演じる女性主人公たちは、「軽薄な」「うわついた」(flippant)と形容される。それはひとえに、彼女たちが「本当は」アステア演じる男性主人公を好きであることを自分で分かっておらず、彼らをいいように引きずり回す、ということになっているからだ。

ただし、これらの作品の説話上《ナラティヴ》の分析からはこのような解釈は不可能である。すなわち、彼女たちの無意識はアステア演じる男性主人公の魅力を正しく見抜いているのだが、アステアの表層的な言動に苛ついたり惑わされたりした結果、意識では自分の恋心を抑圧してしまっている、というような精神分析的解釈を観客に許す台詞や仕草をロジャース演じる女性主人公たちがしているわけではない。物語だけを追っていくと、結末に至ってアステアの求婚を突然受け入れるロジャースが、それまではアステアを手ひどい目に合わせていたことを見てとった観客が、前記のような物語を遡及的に構成するようにすら思える。

他方、同様に男性主人公を手ひどい目に遭わせたあげく最後に求婚を受け入れるスクリューボール・コメディの女性主人公たちが「頭空っぽの金髪女」と呼ばれることはない。クローデット・コルベール（『或る夜の出来事』）も、キャサリン・ヘプバーン（『フィラデルフィア物語』）も、キャロル・ロンバード（『特急二十世紀』）も、男性と対等に渡り合える知的な女性として描かれ、観客にもそう捉えられている。アステアに自分が魅了されているという現実を受け入れられずにアステアを巻き込んで騒動を起こすロジャースと違って、彼女たちは自分の恋心という現実と折り合いをつけて賢明にも男性主人公との結婚（あるいは再婚）を選択するように見える。

このような相違が生じるのは、アステア&ロジャースものがミュージカル映画で、ナンバーがあり、そこでは身体を通じて「無意識の」女性の欲望が露呈するからだ。アステア&ロジャースものの第二作『コンチネンタル』（一九三四）のナンバー「昼も夜も」で、アステアの強引な誘いにしぶしぶ応じて踊りはじめたロジャースが次第に興に乗るさまをカメラは追い、踊り終えて恍惚とした表情を浮かべるロジャースのクロースアップを提示することで、二人のダンスが性行為の隠喩であることをほのめかしていると看破したのはコーハンだった。ここまで極端でなくても、ナンバーにおいてロジャースの「真」の欲望が明かされる一方、通常の会話ではロジャースはアステアを何とも思っていないようにふるまうという仕掛けは、アステア&ロジャースものの基本的枠組みになっている。

だから観客はロジャースが日常生活において真の欲望を抑圧していることを、すなわち「現実」に立ち向かえていないことを知るようになる。一般にミュージカル映画では語りが二重になっており、ナンバーが「夢の世界」を表している (Feuer 68-70) ことを考慮に入れれば、アステア&ロジャースもので語られているのは、精神分析の見本のような物語、ということになる。『気儘時代』は、アステアを精神分析医にすることによって、アステア&ロジャースもののこのような約束事を自己言及的に暴露し、メタナラティヴとでもいうべき共通の枠組みを——ロジャースがアステアのナンバー=「治療」によって真の欲望を知り、「現実」に立ち向かえるようになる——を説話上で反復する。

なるほど、一般的にも欠点と考えられている『気儘時代』のナンバーの少なさは、このような離れ業を観客の目から隠すことに寄与している。さらに、トニーを自分の欲望を知らないヘボ精神科医とすることで、従来のメタナラティヴは見えにくいものになっている。けれども (他のアステア&ロジャースと異なり)『気儘時代』では説話上の設定がそう示している以上、ロジャースが日常生活において無意識の欲望を抑圧していることは観客にとって明らかだ。また、前述したとおり「僕には色が見えていなかった」のナンバーはアマンダの夢の中という設定で、夢は無意識の欲望を成就するものという俗流フロイト主義の主張を裏書きするかのように、踊り終えた二人はキスをする。アステアは自伝で、「主演女優にキスをしないのは、妻が許してくれないからだという伝説が広まっていた」ので、「世界的疑惑を逆手にとって利用することに決め」、ロジャースに「きみさえよければ今度の映画でぼくはきみに正規の接吻をしよう。そうすればこの国の国際的危機を終わらせるかもしれない」と申し出て「この何年ものあいだジンジャーにキスしてこなかったことの埋め合わせになるような、スローモーションのキスを挿入した」(三〇三－四)ことをさらりと述べているが、作り手たちの思惑がどんなものであれ、この夢の場面によってロジャースが「頭空っぽの金髪女」であり、「優柔不断な、愚かで、浅はかで、不適応のよくある女性」の一人であると観客はさらに深く納得することになる。

現在ジャズのスタンダードとなっている「レッツ・フェイス・ザ・ミュージック・アンド・ダンス」は、もともとアステア&ロジャースものの第五作『艦隊を追って』*Follow the Fleet*(一九三六)のために、『気儘時代』と同じ作詞・作曲家アーヴィング・バーリンが書き下ろしたもので、「現実に立ち向かう」という意味の慣用句(face the music)をひねったものだ。「困難が待ち受けているかもしれないけれど／音楽と月明かりと愛とロマンスがある間は現実＝音楽とダンスに立ち向かおう」という、いかにも才人バーリンらしい小粋な歌詞と甘い旋律はアステアのほか、フランク・シナトラやナット・キング・コールのカバーでも知られている。

ところでバーリンはもう一つ、『現実に立ち向かえ《フェイス・ザ・ミュージック》』というミュージカルを一九三二年二月一七日にニュー・アムスターダム・シアターで初演していた。その約二ヶ月前、三一年一二月二六日に幕が開いた、アイラ・ガーシュウィンとジョージ・ガーシュウィン兄弟による社会派ミュージカル『君がために歌わん』が、プロデューサーのサム・ハリスとバーリンの共同所有するミュージック・ボックス・シアターで大ヒットしはじめていた最中のことで、バーリンはジョージ・カフマンとモス・ハートと組んで同様の社会諷刺に挑んだ。つまり柳の下の二匹目のドジョウを狙ったわけだが、警官の腐敗や禁酒法の無意味さ、ショウビジネスの内幕などを面白おかしく描いたこの作品は、一九二九年大恐慌以降の社会に受け入れられ、『君がために歌わん』の四四一回には及ばないが、一六五回という当時としてはそう悪くない公演回数で終わっている。

『現実に立ち向かえ』には作品の主題を簡潔に示すような同名のナンバーはないが、作品内容からすれば、ポスト大恐慌の時代の「現実に立ち向か」わなくてはならないのは主人公たち――『ジーグフェルド・フォーリーズ』をはじめとするレヴューのプロデューサーであるフロレンツ・ジーグフェルド・ジュニアをモデルにしたことが明らかなハル・リースマンが、尾羽打ち枯らした姿で登場する――である。だがそれは同時に当時のバーリン自身の心境を表してもいた。というのは、バーグリーンの評伝によれば、バーリンはこの時期スランプにあったからだ。

バーリンは芸術的にも経済的にも『現実に立ち向かえ』によって復活を遂げた。そして一九三四年にＲＫＯと契約して『トップハット』（一九三五）をはじめとするアステア&ロジャースもののナンバーを書き下ろすことで、巨額の契約金を再び手にすることになる。スランプを脱し、ふたたびもとのように裕福な生活に戻ったバーリンが、『気儘時代』のナンバーを作詞作曲する際にまだ「現実に立ち向か」おうと考え続けていたかどうかは定かではない。『トップハット』公開直前に妹を飛び降り自殺で失っていることを述べる箇所でバーグリーンは、バーリンに「過酷な現実を否定する生涯の性癖」があったことを記している。

しかも『気儘時代』は、他の多くのアステア&ロジャースものと同様、深刻な景気後退に見舞われていた一九三〇年代のアメリカ社会の経済的現実を描くかわりに、富裕層の何一つ不自由のない暮らしを描いて当時の人々の現実逃避の対象となっていた。そんな作品ばかりが当時上映・上演されていたわけではない。『君がために歌わん』や『現実に立ち向かえ』以外にも、『四十二番街』(一九三三)のようなワーナー・ブラザーズのミュージカル映画では出演者の貧困が描かれていた。一九三七年一一月初演の『縫い針と留め針《ピンズ・アンド・ニードルズ》』は国際婦人服労働組合員の素人たちによるプロパガンダ・レヴューだが、「社会的意義のある歌を歌え」という作詞・作曲のハロルド・ロームが書き下ろしたナンバーが象徴しているように、レヴューですら社会的意義を持たなくてはいけないこと

写真2　メドウィック・カントリー・クラブに催眠状態のまま乱入したアマンダはトラヴァース判事にかわってスキート射撃の的を見事に射抜く(01:05:50)

を自嘲気味に示していた。それでは『気儘時代』は「現実に立ち向か」っていないのだろうか。

本作品は女性に性欲があり、しかもその性欲は男性が適切に管理しないと「暴発」する可能性がある、という「現実」に立ち向かうことが必要であると伝えている。メドウィック・カントリー・クラブに催眠状態のまま乱入したアマンダが、スティーヴンをお供に連れてスキート射撃を楽しんでいるジョー・トラヴァース判事を出し抜いて、的であるスキートを見事に射ち落とし、さらにはトラヴァース判事の帽子まで射抜く（写真2）、というエピソードは、催眠術によってトニーがアマンダの意思を支配下に置いているからこそ、彼女はまともに的を射抜けることを暗示している。精神分析において射撃はしばしば射精の比喩になり、的を射抜くことが精子の子宮への着床を暗示することを考えれば、アマンダが「暴発」（＝膣外射精その他）せずに、生殖のための性行為をおこなうために精神分析医たるトニーが適切にアマンダの性欲を管理しなければいけないことが示唆されていることがわかるだろう。もちろん射撃と結びつくのは男性の射精であり、それは男性の性欲でもあるのだが、アマンダがトラヴァース判事——言うまでもなく、「横切る、越境する」（traverse）を含意するこの名前は道徳を守るべき裁判官にはあるまじき欲望の「越境」を暗示している——から銃を取り上げる行為は、女性が男性器の象徴を男性から奪うことを示している。アマンダが男性と同様に性欲を持っており、しかもその性欲は男性の性欲同様制御不可能であることは、『赤ずきんちゃん』の夢を語る精神分析の場面ですでに明らかにされていたが、この象徴的行為を通じてそのことが説話レベルで再度確認される。

一方、アステアは「正しく的を射抜ける男」として描かれている。「『ローモンド湖』でスイング」（“Since They Turned 'Loch Lomond' into Swing”）のナンバーで、メドウィック・カントリー・クラブにやってきたトニーはタップダンスを踊りながらゴルフクラブを振り回し、並んだボールを次々に打っていく。精神分析を揶揄するために精神分析医が自分の本当の欲望を知らないという設定を導入しながらも、トニーは他のアステア&ロジャースものでアステアが演じる役どころと同様、自分の欲望を適切に管理できる人間なのであり、だからこそアマンダの意思を意のままに操ることの正当性がその身体性を通じて与えられる。

『気儘時代』は一九三〇年代に製作されたミュージカル映画である以上、現実逃避型の娯楽を提供しつつも「現実に立ち向かう」ことをしようとしている。この作品は当時の多くの舞台ミュージカル・映画ミュージカルと異なり、現実社会の諸問題に立ち向かうかわりに、精神分析の諷刺を通じて人間の心の問題、とりわけ女性にも性欲があり、（男性同様）女性たちはその扱いに苦労している、という問題を取り上げる。そしてその解決方法として、男性による女性の心の管理＝支配という、正しく当時の精神分析の主題であるところのものを提示するのだ。

【註】

（1）『気儘時代』からの台詞の引用は *Carefree* (Frederick Unger, 1965) により、以降はページ数のみ示す。RKO Classic Screenplays シリーズとして映画公開のずっと後になって出版されたこの台本は、「RKO General（日比野註：RKO

Radio Picturesの著作権を継承した持ち株会社）との取り決めによって出版された」とあるだけで、脚本を担当したアラン・スコットとアーネスト・パガーノの名前が正式な著者名として表記されているわけではない。通常の脚本にはないような溶暗／溶明／暗転／明転の指定が書かれている一方で、俳優たちが実際に話す台詞とは多少異なる部分もあるので、実際に使用された脚本をもとに映画を参考にして溶暗／溶明／暗転／明転などの指定を付け加えて作られたものと考えられるが、詳細は定かではない。

（2）ブロードウェイで一九四〇年に初演された『レディ・イン・ザ・ダーク』もまた精神分析を扱って当時話題をよんだが、クルト・ワイル作曲・作詞、モス・ハート脚本のこの作品は『気儘時代』とは異なり、精神分析をはるかに真面目にとっている。

（3）『フィラデルフィア物語』（一九四〇）はフィリップ・バリーの同名の舞台劇（一九三九）の映画化で、スクリューボール・コメディの傑作の一つとされ、第二次世界大戦後に『上流社会』（一九五六）としてミュージカル映画化もされた。フィラデルフィアの上流階級の令嬢トレイシー（キャサリン・ヘプバーン）は、ジョージ（ジョン・ハワード）との結婚式の前夜にコナー（ヴァン・ヘフリン）と良い雰囲気となっていたところを見られてしまい、婚約解消を申し出ることになる。コナーは責任を感じて求婚するも、コナーに思いを寄せるエリザベスがいることを知っているトレイシーはこれを断る。結婚式の参列者に不備を詫びようとするトレイシーに元夫のデクスター（ケーリー・グラント）が再婚を持ちかけ、トレイシーは同意して結婚式を挙げる。

【引用文献】

Carefree. Frederick Unger, 1965.
Bergreen, Laurence. *As Thousands Cheer: The Life of Irving Berlin*. Viking, 1990, Kindle ed., Da Capo Press, 1996.
Carvell, Stanley. *Pursuit of Happiness. The Hollywood Comedy of Remarriage*. Harvard UP, 1981.
Cohan, Steven. "'Feminizing' the Song-and-Dance Man: Fred Astaire and the Spectacle of Masculinity in the Hollywood Musical." *Hollywood Musicals, The Film Reader*, edited by Steven Cohan, Routledge, 2002.
Feuer, Jane. *The Hollywood Musical*. Indiana UP, 2003.
Gallafent, Edward. *Astaire & Rogers*. Cameron & Hollis, 2000, Columbia UP, 2002.

Gehring, Wes D. *Screwball Comedy: A Genre of Madcap Romance.* Greenwood Press, 1986.
Hale, Nathan G. *The Rise and Crisis of Psychoanalysis in the United States: Freud and the Americans, 1917-1985.* Oxford UP, 1995.
Mayo, James M. *The American Country Club: Its Origins and Development.* Kindle ed., Rutgers UP, 1998.
Sarris, Andrew. "The Sex Comedy Without Sex." *American Film*, vol. 3, no. 5, 1978, pp. 8-15.
Shumway, David R. "Screwball Comedies: Constructing Romance, Mystifying Marriage." *Cinema Journal*, vol.30, no. 4, 1991, pp. 7-23.
アステア、フレッド『フレッド・アステア自伝』篠儀直子訳、青土社、二〇〇六年。

第二章

起源への回帰と使い回し《リサイクル》

――『雨に唄えば』（一九五二）における寓話的リアリティ

1　はじめに

ジーン・ケリー、ドナルド・オコナー、デビー・レイノルズの三人が出演した『雨に唄えば』は、一九五二年にMGMが製作・公開したミュージカル映画だ。制作者のアーサー・フリードは、当時のMGMきっての辣腕プロデューサーとしてミュージカル映画、とくに「歌もの」ミュージカルの制作をもっぱら担当していた。ただし、『雨に唄えば』では、フリードはプロデューサーだけでなく、作詞家としてもクレジットされている。というのも『雨に唄えば』では、一九二〇年代から三〇年代にかけてフリードが作詞家として活躍していた若かりし頃に作曲家ネイシオ・ハーブ・ブラウンと組んで世に送り出した曲を使い回しているからだ。

流行歌としてすでに人々の耳に馴染んでいた楽曲、いわゆる「アリもの」を使ってショーを構成する、ということは、たとえば『ジーグフェルド・フォーリーズ』や『ジョージ・ホワイトのスキャンダルズ』のようなレヴューでは普通だった。これらのレヴューには統一した筋といえるようなものはなかったから、使いたい流行歌に合わせて場面を構成すればよかったためだ。だが大劇場レヴューが衰退した一九三〇年代以降は、映画でも舞台でも、物語と楽曲の統合が意識されるようになったこともあって、新作ミュージカルにはそのために書き下ろしたナンバーが使われることが多くなっていた。

もっとも、映画ミュージカルでは、作曲家・作詞家の名前を冠した「ソングブック」と称して、一人の作曲家・作詞家の既存のヒット曲を物語のなかにうまくはめ込んでいくタイプの作品も四〇年代から五〇年代にかけて少なからず作られた。たとえば『スイング・ホテル』（一九四二）、『ブルー・スカイ』（一九四六）、『ショウほど素敵な商売はない』（一九五四）などは作詞家・作曲家アーヴィング・バーリンのソングブックとして喧伝されたし、『雲流るるはてに』（一九四六）のように、作曲家ジェローム・カーンの生涯を虚実交えて語り、かつカーンの楽曲を全篇にあしらったような伝記映画（biopic）もあった。日本未公開の『ワーズ・アンド・ミュージック』（一九四八）は作曲家リチャード・ロジャースと作詞家ロレンツ・ハートの伝記映画である。『雨に唄えば』公開の前年には『巴里のアメリカ人』（一九五一）が封切られたが、これは一九三七年に若死にしたジョージ・ガーシュウィンが作曲し、その兄アイラが作詞した楽曲を使ったガーシュウィン兄弟のソングブックだった。

この伝でいけば、『雨に唄えば』はフリード＆ブラウン・ソングブックということになるが、事情はいささか異なる。一つには、もちろん、アーサー・フリードが現役の作詞家としてはもはや認知されていなかったことがある。[1] なるほど、『ハリウッド・レヴィユー』（一九二九）で用いられて以来、三作の映画で使用されてきた表題曲「雨に唄えば」や、『踊るブロードウェイ』（一九三五）の表題曲で、それ以降計三作の映画で使用されてきた「ブロードウェイ・リズム」をはじめ、使い回された多くの曲は昔の懐メロというにはまだ十分「現役感」がある。だが実質上のプロデューサーだった『オズの魔法使い』（一九三九）や、筆頭プロデューサーとしてのデビュー作『青春一座』（一九三九）――ミッキー・ルーニーとジュディ・ガーランドの「幼い恋《パピー・ラヴ》物語ミュージカル」第一作であり、フリードはその後もこの二人のミュージカルを制作し続ける――など、すでに戦前からはプロデューサーとして活躍していたフリードは、人々にもっぱらMGMの重役として知られていた。

　もっと重要なのは、『雨に唄えば』にはフリード＆ブラウンの昔のヒット曲だけが使われているわけではないことだ。早口言葉から歌になっていく「モーゼズ・サポーゼズ」は、製作途中でロジャー・エデンスが作曲し、脚本を書いたベティ・カムデンとアドルフ・グリーンが歌詞を提供したものだし、「メイク・エム・ラフ」はフリード＆ブラウンが『雨に唄えば』のために「新たに」――コール・ポーターがフリード制作のミュージカル映画『海賊』（一九四八）のために書き下ろしたナンバー「ビー・ア・クラウン」のメロディを臆面もなく盗用して――作ったものだ。物語の展開に沿うようにこの二つのナンバーが加わったことは、フリード＆ブラウン・ソングブックとしての体裁よりも、ミュージカル映画としての完成度をプロデューサーのフリードが重視したことを示している。

　そういう事情があるとはいえ、全一四曲のうち一二曲がアリものであることは変わらない。だからこそ、ソングブック・ミュージカルにありがちな苦しい設定や強引な解決が『雨に唄えば』には見られず、楽曲は自然に物語と統合されて場面にふさわしいものになっていることには驚く。アリものを継ぎ合わせて作ったどころか、全曲が書き下ろしのようにすら思えるのは、カムデン＆グリーンの紡ぎ出す物語が観客の現実感覚に訴えかけてくる、通常とは異なる次元での強烈なリアリティを持っているからだ、と本章は主張する。以下では、この特殊なリアリティが『雨に唄えば』においてどうやって生み出されているか、そのメカニズムを見ていく。そのためにまず、本作品には「起源への回帰」と「使い回し《リサイクル》」という二つの主題が繰り返し出てくることを示し、これらの主題によって作品全体に統一感が与えられていることを示す。

　次に、これらの主題はカムデン&グリーンが執筆時に置かれていた状況から抽象された原理であり、その意味において現実と密接な関係があると論じる。換言すれば、『雨に唄えば』で語られるのはたんなる夢物語ではなく、観客が自らをとりまく現実を省みたときに一定の普遍性をもって妥当すると考える、一種の寓話であることを示したい。「『雨に唄えば』が際立っているのは、映画史上最高傑作の一つであると同時に、魔法を使って、観客に現実を忘れさせ、ただ「いい気持ち」にさせてくれる昔ながらの映画だと思える点だ」と指摘するとき、スティーヴン・コーハンは真実の半分だけ言い当てている。「映画史上最高傑作」であるという評価をもう少し曖昧ではない表現にすれば、それは「リアリティ」——この言葉も論者の数だけ定義があるだろうが——を持っているということだろう。リアリティの重みを観客に感じさせつつ、「現実」を忘れさせてくれるという離れ業が『雨に唄えば』の特徴なのだ。

2　捏造された「起源」

トーキーの誕生。ドン・ロックウッド／ジーン・ケリーの俳優人生の出発点。ベティ・カムデンとアドルフ・グリーンの脚本家としての（そしてアーサー・フリードの作詞家としての）原点。『雨に唄えば』は、半ば捏造された「起源」へ回帰しようという衝動に貫かれた映画である。その衝動を生み出すのは、長く仕事をしているうちに自らの立ち位置が「ズレて」しまったという認識であり、そのズレをなんとかして正そうという後悔に似た思いだ。無言劇《マイム》によって物語が語られる「ブロードウェイ・メロディ・バレエ」では、功成り名遂げたダンサーが「踊らずにはいられない」という駆け出しの頃に抱いていた衝動を思い出すまでが描かれる。一九二七年のハリウッドでの映画製作の現場を描いたこの作品では、声とイメージが一体となって表現される演劇が架空の始原として設定され、技術革新上の変化に過ぎないサイレントからトーキーへの移行が、映画が声を取り戻して演劇へと回帰するという、神話的次元を付与される。

起源に立ち戻ろうとする衝動は、声とイメージのズレ、不一致を観客に繰り返し確認させるかたちでまず現れる。作品冒頭では、リムジンに乗ってチャイニーズ・シアターに現れたスター俳優ドン・ロックウッドが、待ち構えていた映画コラムニストに問われて、居並ぶ何千人というファンたちの前でそれまでの半生について語る。ところがドンの声が語る内容と、観客が見る映像は一致していない。「常に威厳を」をモットーにして生きてきたとドンが語る一方で映されるのは、幼い時分の彼が、現在までの相棒コズモとともにビリヤード場に入っていき小銭を拾う姿だ。ドンは両親に連れられて劇場に行き、バーナード・ショーやモリエールのような古典の精髄を観たと語るが、観客が目にするのはB級映画が上映される安映画館に忍び込んでいる様子である。成長してからも現実には辛酸を嘗める日々が続くドンだが、現在の映画スターとしての地位を築くようになった経緯を語る際にも、「ついに陽光溢れるカルフォルニアにやってきた」「映画会社からのオファーは山ほど来たが、モニュメンタル・ピクチャーズを選ぶことにした」と口から出まかせを語る。

写真1　ドンは甘いラブシーンをリナと演じながら、なぜキャシーをクビにしたのか詰問する（00:32:20）

『雨に唄えば』は、ワーナー・ブラザーズが一九二七年に製作・公開した『ジャズ・シンガー』が初の長篇トーキーと喧伝されて大ヒットしたという史実を取り入れている。[2] MGMをモデルにしたと思しき大手映画会社モニュメンタル・ピクチャーズが、ワーナーの成功に続けとトーキーへと移行しようとした際に生まれた、虚実取り混ぜたハプニングが面白おかしく語られるが、それはおもに声と映像のズレから生じる。偶然出会ったキャシーに恋をするドンは、映画の相手役リナがキャシーからアルバイトの仕事を奪ったことを知って『決闘する騎士』の撮影中にリナを非難する。彼らは悲運に見舞われた恋人同士として甘く切ない思いをたっぷり演技で見せつつ、激しい言葉の応酬をする（写真1）が、『決闘する騎士』はサイレントとして撮影されているので、彼らの会話が観客に伝わることはない、という設定になっている。その後、『決闘する騎士』は二人の声を録音し、リナ・ラモントとドン・ロックウッド主演初のトーキー映画として公開されることが決定するが、その先行上映会《プレミア》では、リナの甲高く訛りのある声に観客は笑い、上映中に録音と映像の同期が失われてドンの仕草にリナの声がかぶさって聞こえ、リナの声に合わせてドンが演技をしているように見えるようになるので観客席は爆笑と怒号に包まれる。

これらのエピソードが興味深いのは、エピソードごとに声とイメージのどちらが真実でどちらが虚偽かが変わっている、という点だろう。『グラマトロジーについて』においてジャック・デリダは、西欧の形而上学における「音声中心主義」を批判したが、それは声が文字すなわち視覚表象に先立っている分、より真実に近いものだという広く共有された前提のことを指していた。ところが冒頭のエピソードでは、サイレントの後にトーキーが登場するという映画の歴史を反映してか、イメージが正しく、声は虚偽やズレを含むものとなっている。対照的に、甘い恋人同士の場面を撮影しながらリナが自分の地位を利用してキャシーから職を奪ったことにドンが怒る場面では、イメージ/表象/外見と、声/存在/内面という、デリダが批判した古典的二項対立が描かれている。最後に、先行上映会の場面では、イメージと声のどちらが真実でどちらかが虚偽と決めることは難しいが、サイレントに慣れている観客にとっては先立つ映像がつねに基準で、ズレているのは音のほうであるように思える。

これは脚本を担当したベティ・カムデンとアドルフ・グリーンが一貫した原則を持っておらず、

声とイメージそれぞれに真実と虚偽をその時々で行き当たりばったりに割り当てているからなのだろうか。そうではないことを示すために、補助線を引こう。ドンがキャシーに恋することになるきっかけは、彼が追いかけて来るファンから逃れるためにキャシーの運転する車に強引に乗り込んできたことだった。キャシーもまた、ドンの隠れファンだったのだが、ドンがスターの自分を印象づけようとするのに反発し、また自分が舞台俳優志望だということもあって「映画スターには魅力を感じない、演じないし台詞を話さないから」(26)とドンに言ってしまう。続けて「あなたはフィルム上の影に過ぎない。影よ。生身の肉体ではない」(27)とキャシーが言うとき、彼女は存在と表象との関係に言及している。演劇の映画に対する優位は、前者では俳優の身体が提示されるが、後者ではその表象だけが示されるところにある、とキャシー(と彼女をはじめとする舞台俳優たち)は思っており、ミュージカル映画よりも舞台ミュージカルで多くの傑作を残したカムデン&グリーンの脚本家コンビも合意しているように見える。[3]

　初期には舞台にも出演したが、そのキャリアの大半を映画作品に傾注したジーン・ケリーがどう思っていたかはわからないが、ケリーが演じたドンは(のちに告白するように)キャシーの言葉に動揺し、自分が影でしかないと思い込む。あるいは、キャシーのことを考えるとドンは自分が映画俳優であることに自信が持てなくなるのかもしれない。ドンの生活がキャシーの生活と関わるようになるとき、声が真実を、イメージが見せかけを表すようになるからだ。

　そして『雨に唄えば』の物語は、ドンがキャシーとの恋に落ちることで展開していくのだから、冒頭で示されたような声＝虚偽、イメージ＝真実という組み合わせは、すぐに声＝真実、イメージ

＝虚偽という組み合わせに変わるのは当然だろう。先行上映会の場面で再び声＝虚偽、イメージ＝真実という組み合わせに戻ってしまうのは、ドンがリナ・ラモントに関わっている場だからだ。ドンはまた、キャシーの低く落ち着いた歌声――実際にキャシー役のデビー・レイノルズの声を吹き替えたのは、リナ役のジーン・ハーゲンだったという皮肉な裏話は有名である――に惹かれているので、声が真の感情と結びつくことは観客にとって自然なことのように思えてくる。

たしかに、一九二〇年代になると、各地を巡業したヴォードヴィル劇団の経路《サーキット》に組み込まれなかった小さな町にも映画館は作られ、芝居を見る機会がそれまでなかった人々も熱心に足を運んだことを考えれば、映画の「起源」として演劇を措定するという系譜学的発想は、本作の舞台となっている一九二〇年代後半においてすら（大都会の知識人を除けば）馴染みのないものだったことは想像がつく。ましてや、映画が演劇に比べて圧倒的にお手軽な娯楽となった『雨に唄えば』公開当時であれば、もっと奇異に感じられたことだろう。それでも、本作では本来聞こえるはずの声が聞こえないサイレントから、「現実」をより忠実に反映したトーキーへ移行するという史実とともに声とイメージを一致させることの必要性が語られるので、一定の説得力があるし、さらにそれが起源への遡行であることを示唆されれば観客は抵抗なく受け入れるはずだ。

映画＝イメージは贋物で、真の感情を表現するには生身の身体が必要である、というキャシーの主張は、「君は僕のために生まれてきた」（“You Are Meant For Me”）が歌われ、踊られる場面でさらに補強される。モニュメンタル・ピクチャーズの社長シンプソンに見出され、晴れて女優として契約することになったキャシーと再会したドンは、使われていないスタジオを見つけて愛の告白をする。

「自分はヘボ役者だからきちんとした舞台装置が必要だ」(44)とキャシーに説明するドンは、スポットライトをつけ、スモークマシンで霧を作り出し、送風機で風を送り、梯子にのぼらせたキャシーを見上げて、告白に相応しい雰囲気を作り出す。とはいえ、それがたんなる見かけ上のまやかしにすぎないことは、そのまやかしを作り出す過程そのものを映し出すことによって明らかだ。そしてドンがキャシーに真の愛情を抱いていることを最終的に証明するのは、こうした舞台装置ではなく、そこでキャシーに向かって「君は僕のために生まれてきた」を歌うドンの声であり、またダンスを踊る二人の身体である。

『雨に唄えば』のクライマックスは、『決闘する騎士』のリナの訛りのある、甲高い声をキャシーが吹き替え、ミュージカル仕立てにして『踊る騎士』として先行公開した際に、リナがシンプソンを脅してまで隠し通そうとしていた吹き替えの事実を目に見えるかたちで明らかにしてしまうところだ。悪声がトーキーに相応しくないと判断したシンプソンたちが黙ってキャシーの声に吹き替えたことに激怒したリナは、自分がドル箱女優であることを盾にキャシーが今後ずっと自分の声を吹き替えるようにシンプソンに迫る。自分が代わって会社を経営するとまで言うその勢いにシンプソンは気圧されるものの、コズモと目配せを交わしたドンが「リナには観客に話す資格がある」(72)と言い出すと、二人の考えに同調して、リナの悪声を敢えて観客に聞かせることにする。

はたして三人が目論んだとおり、自分たちに直接話しかけるリナの声が映画で耳にしたキャシーの吹き替えた声と異なり、鼻にかかった平坦なものであることを知った観客は戸惑い、リナに歌を歌うように要求する。ドンはコズモとともにシンプソンに計略を授ける。その意図するところを瞬時に理解したシンプソンは、観客の要求に応えていいか迷っているリナに、カーテンの裏にキャシーを配して声を吹替えさせるから口パクするようにと指示する一方で、キャシーには吹き替えをするように命じる。信頼していたドンが冷たくやるんだと命じるのを聞いたキャシーは怒り傷つき「やるわ。でも二度とあなたに会わない」(74)と言う。だがリナが「雨に唄えば」を歌い出す(ふりをする)と、あらかじめ打ち合わせていた手筈通り、ドン、コズモ、シンプソンの三人はカーテンを引き上げていき、歌っているキャシーの姿を観客に見せてしまう。

ここではこれまで説明してきた状況より少し複雑なことが起きている。なるほど、キャシーの声が「真実」を表象しており、(リナが歌っているという)イメージが観客を騙していたことを考えれば、真実は声の側にあり、虚偽はイメージの側にあるという構図に変化はないようにも思える。しかし、イメージが虚偽であることを示すのは、カーテンの裏でキャシーが歌っているという別のイメージなのだ。すなわち、この場面においてイメージは虚偽の表象であり、真実の表象でもある。視覚表象が(最後には)真実を表すという点において、この作品の結末は冒頭と共通しており、映画が虚偽を、舞台が真実を表すという中間部の枠組みを両側から挟んで一種の円環構造を成している、とも見ることができる。

とはいえ、もっと重要なのは、この結末において声とイメージの一致/統合というトーキー=演劇の理想が実現していることだ。リナは声とイメージの不一致/分離という状態を維持しようとしたが、その奸計は阻止される。リナは悪役であり、否定的形象であるから、声とイメージの不一致/分離は克服されるべき現状として観客に理解され、声とイメージの一致/統合こそが望ましいことが示されるのだ。言うまでもなく、トーキーになったからといって声とイメージの一致／統合が必ずしもなされたわけではなく、実際にはこの作品が皮肉にも示すように、吹き替えという新たな不一致／分離の慣行が導入されたわけだが、説話上ではリナは自らの声で話し歌うことを余儀なくされ、キャシーはリナから奪われた声を取り戻し、ドンとも結ばれてハッピー・エンディングとなる。『雨に唄えば』の最後の場面では、ドンがキャシーを腕に抱きながら「ユー・アー・マイ・ラッキー・スター」を歌う前の場面が静止画像となってモニュメンタル・ピクチャーズ映画『雨に唄えば』の巨大なビルボードへと変わり、そのビルボードを二人が見上げている様子が映し出される。映画スターであるドンを「フィルム上の影」だと言い放ち、舞台の素晴らしさを説いたキャシーは今や、ドンとの共演が大きな宣伝材料になるような映画スターになった、と示唆して終わることで、トーキーの普及によって声とイメージを一致させることができるようになった映画が、その始原である演劇と同じ地位を獲得したことが強調される。

原点に戻って初心を思い出すという主題はまた、「ブロードウェイ・メロディ・バレエ」でも語られる。全体にテンポよく進む物語のなかで、例外的にこの場面はその長さに必然性が感じられず、台詞がないこともあって退屈を覚える観客もいるかもしれない。シンプソンは『決闘する騎士』をトーキーのミュージカル『踊る騎士』にリメイクし、さらにリナの声をキャシーに吹き替えさせる、というコズモとドンのアイデアを気に入り、実際にキャシーがフィルムを見ながら声を録音していくのを見て喜ぶ。そして「他にすることはどのくらい残っている?」とドンに尋ねると、ドンは「場面をもう一つ。一つだけナンバーが残っています」(64)という。『決闘する騎士』はフランス革命期を舞台にしているため、このままでは現代風のナンバーが入れられない。そこで主人公を現代のダンサーということにして、彼が幕間に『二都物語』を読んでいたところ、砂袋が頭の上に落ちてきて気絶し、フランス革命期の夢を見るという設定にすることで、『決闘する騎士』のために撮影した場面を使い回す。

一方で、現代の設定は新たに撮り足す必要がある（ちなみにこの設定は、ジーン・ケリーがレッド・スケルトンらと主演した戦中のMGMミュージカル映画『デュバリイは貴婦人』〔一九四三〕を借りたものである）。そこで付け加えるのはブロードウェイにやってきた若いダンサーの物語だ、と言ってドンはその内容をシンプソンに語り始めるのだが、それはドンが主人公のダンサーを演じる劇中劇として観客に提示される。劇中劇の中でドンは台詞を言わずに表情と身振りだけで内面を表現するので、クラシック・バレエのマイムを思い起こさせるが、声とイメージの分離という主題を観客がこの場面で意識することはない。というのも、ドンには台詞こそ与えられていないものの、劇中劇の中で「ブロードウェイ・メロディ」と「ブロードウェイ・リズム」を歌うし、また数度繰り返して「踊らずにはいられない」と歌うように叫ぶからだ（写真2）。この叫びについては後述することにして、まず劇中劇の内容を見ていこう。

小さなスーツケース一つだけ抱えてブロードウェイにやってきた若者が「踊らずにはいられない」と歌い踊りながら（写真2）、雇ってもらおうとエージェント回りをする。当初はなかなか相手にされないが、ようやく密造酒を提供する地下クラブでの職を紹介されてそこで踊り始める。ギャングの大物が客としてやってくる。彼はいかにも運命の女《ファム・ファタール》然とした愛人を連れている。ダンサーの若者は、シッド・シャリースが演じるこの妖婦と踊って親密な雰囲気になるが、ギャングの情夫がダイアモンドのブレスレットを差し出すと彼女はあっさり彼を見捨てる。呆然としている若者をエージェントが「コロンビア・バーレスク」という看板のかかっている劇場に連れて行く。そこで彼は赤毛のカツラをつけ、チャップリン演じる浮浪者のような扮装をして、肌も露わな衣裳を身につけホットパンツ姿のコーラスガールたちの前で滑稽なダンスを踊る。次に「パレス・ヴォードヴィル」の看板が映し出されると、肌を覆う面積は多いものの同様に露出度の高い格好をした踊るコーラスガールたちの前で、星条旗をモチーフにした派手な出で立ちでカンカン帽をかぶって男は踊る。最後に男は芸人にとって最高峰であるジーグフェルド・フォーリーズに出演し、巨大な羽根飾りのついた帽子をかぶり、金のスパンコールで縁取りされたオーガンジーのドレスで着飾ったジーグフェルド・ガールズの前で燕尾服を粋に着こなしシルクハットを片手に持ちポーズを決める。

写真2 「ブロードウェイ・メロディ」〜「ブロードウェイ・リズム」と続く「夢のバレエ」の冒頭、ケリー演じるダンサー志望の若者は「踊らずにはいられない」とダンサーとしての初期衝動を口にする。(01:42:48)

観客の大半が男性労働者階級だったバーレスクから、一九世紀末頃までには中産階級の娯楽となっていたヴォードヴィルへ、そして二〇世紀初頭に富裕層の流行として隆盛を誇ったレヴューへ。[4] 危険な匂いのするギャングの情婦への想いを絶ち、芸に精進したダンサーはこうして出世の階段を登りつめる。だがカジノでのパーティに招待された彼はそこで彼女と再会する。次の場面では、何もない広大な空間に二人だけが佇んでおり、チュチュを着て、身長の何倍もの長さの薄手の織物を首に巻いて風にたなびかせた妖婦と彼はロマンティック・バレエのデュエットよろしく踊る。だがこれはどうやら彼の妄想の中の出来事だったようだ。気がつくと二人は元のクラブに立っており、以前と同様に女はダンサーを無視してギャングの情夫とともに立ち去る。名声を手にした今であれば女は振り向くはず、と考えていたと思しきダンサーはプライドをすっかり傷つけられ、自分の気持ちに折り合いをつけられないまま、カジノを後にする。とその時、かつての自分と同じ、垢抜けない格好をした若者が「踊らずにはいられない」と叫んで飛び出してくる。啓示を受けたように顔を明るく輝かせたダンサーは、自分もまた「踊らずにはいられない」と叫ぶと、先ほどのカジノの客たちが皆飛び出してきて、「ブロードウェイ・メロディ」に合わせて群舞が展開される。その中でひときわ目立って踊るダンサー。

一三分近くにわたって繰り広げられる劇中劇の梗概をこうやって説明しても、それが『踊る騎士』の筋立てにどう関わってくるのかよくわからない。なるほど、ミュージカルにおいてマイムを取り入れ、登場人物の意識下の葛藤や抑圧を表現する「夢のバレエ」の手法は、一九三六年初演の『オン・ユア・トゥ』や一九四三年初演の『オクラホマ！』などで用いられて以降、舞台でも映画でも半ば慣行化していた。だから公開当時の観客が現在の観客ほど違和感を感じなかった可能性はある。「ブロードウェイ・メロディ・バレエ」が『踊る騎士』の現代の設定に必要な場面だ、というのはあくまでも口実であって、「夢のバレエ」同様、演じ手のダンス（とくにクラシック・バレエ）の技量を見せるのが真の目的だ、という主張は一定の説得力を持つ。

とはいえ、カムデンとグリーンによる公刊台本にはない「踊らずにはいられない」というダンサーの叫びを付け加えたことで、「名声を得て増上慢になったダンサーがその半生を省みて、ただ踊りたいと思っていただけの初心に立ち返る」という劇中劇の主題はいっそう強調されることになる。それはまた、舞台女優志望のキャシーに「フィルム上の影に過ぎない」と指摘されて、のちには「自分は俳優なんかではないし、そうであったことはない」（58）と自嘲するようになったドンの将来に対する不安や希望が投影された（つまり、フロイト的な）夢でもある。こうして、言葉がほとんど発せられることはない「ブロードウェイ・メロディ・バレエ」は起源への回帰という映画全体の主題を反復することになる。本編には顔を出さないシッド・シャリースやギャング役のロバート・フォーティアを登場させ、美術や装置も劇中劇にしては贅を凝らして一二分五七秒の長いマイムを挿入したのは、それだけこの主題が作り手たちにとって切実なものだったからだ⑤。

ただし、この「起源」は正しくドンの経験を反映しているわけではないことも忘れてはならない。ドンの半生はすでに冒頭でイメージと声のズレを利用して面白おかしく語られており、劇中劇のダンサーのように「踊らずにはいられない」という思いを若い頃のドンが抱いていたかどうかは定かではない。冒頭で語られるエピソードから想像するに、ドンは歌って踊れるヴォードヴィリアンとしてそのキャリアをはじめたようであり、むしろ若きダンサーとは、故郷ピッツバーグからダンサーとして一旗あげるためニューヨークにやってきた、ジーン・ケリーのようにも見える。ヘスとダブホルカーによれば「ブロードウェイ・メロディ・バレエ」の場面は撮影以前に完成していたカムデンとグリーンの台本にはなく、撮影に入ってからジーン・ケリーが組み立てたので、自分の半生を顧みて「踊らずにはいられない」と考えていたのは若き日のケリーだったかもしれない（155）。いずれにせよ、イメージと声の一致／統合という観点から映画の起源に演劇をおくのが捏造であったように、ドンのダンサーとしての出発点は捏造されている。

3　一からのやり直し《リセット》ではなく、使い回し《リサイクル》

起源への回帰という主題は、一からのやり直し《リセット》というモチーフと結びつくように思える。だが『雨に唄えば』では、現在未完成のものが廃棄されて新しい何かがはじめから作り直されるのではなく、すでに使い古されてあるものが使い回し《リサイクル》される。サイレントとして撮影されていた時代劇映画『決闘する騎士』をトーキーにし、さらに先行上映会でこのままでは観客に受け入れられないと見てとるや、ミュージカル映画『踊る騎士』に作り変える、というのはその最たる例だ。カムデンとグリーンが脚本を書き、『雨に唄えば』の翌年公開された『バンド・ワゴン』（一九五三）でも、「現代版『ファウスト』」として喧伝された台詞劇の劇中劇は失敗を経てミュージカルとしてリメイクされる。

アメリカの商業演劇では、地方で行われる試演《トライアウト》での観客や批評家の反応を見ながらブロードウェ

イでの初日まで手を入れていき、場合によっては原形をとどめなくなるまで作り直しをすることが慣習になっている。『雨に唄えば』や『バンド・ワゴン』は「演劇界の裏話」を語るバックステージもののミュージカルなのだから、リメイクとそれにまつわる騒動を描くのはとりたてて珍しいことではないとも言える。ただし、カムデンとグリーンは『雨に唄えば』の脚本を執筆するまでの数年間、実際に同様の経験をしてきていた。二人の初のブロードウェイ進出作は一九四四年の『オン・ザ・タウン』で、これはジェローム・ロビンズが振付し、レナード・バーンスタインが作曲したバレエ『ファンシー・フリー』(一九四四)を舞台ミュージカルに作り変えたものだ。さらに、この作品をもとにミュージカル映画『踊る大紐育』(一九四九)が作られ、二人は脚本として参加している。

第二作『ビリオン・ダラー・ベイビー』(*Billion Dollar Baby*)はニューヘイヴンとボストンでの上演を経てブロードウェイで一二月に開幕したが、二人の評伝を書いたプロプストによれば、途中での大きな変更は第一幕にバレエをつけ加えたことだけだった。だが第三作『ボナンザ・バウンド』(*Bonanza Bound*)で二人は苦い目にあう。一九四七年一二月フィラデルフィアで幕を開けたこの作品は当初から酷評され、「手を入れ、キャストも見直す」ために翌春までの上演延期が告知された。カムデンとグリーンが作り直しをしているという報道は何度かなされたが、翌一九四八年末までにはこの作品がお蔵入りになったことは明らかになった。

リサイクルという主題は主筋で語られるだけではない。この作品そのものが、一九二〇年代から三〇年代にかけて作られたフリード&ブラウンの楽曲という「既にあるもの」を使った再生品であるとも言えるし、サイレントからトーキーへと移行するにあたって廃業する俳優たちが多くいる――物語の中でも、発音矯正をいくら受けても直すことができないリナはいずれ使われなくなるだろうということは暗示されている――なかで、ドンは滑舌の特訓を受けてトーキー俳優として再生する。(6) ピアニスト兼作曲家から脚本家へと転身を遂げるコズモもまた、リサイクルされたと言えるし、舞台俳優を目指しながらもショーのアルバイトで食いつないでいたと思しきキャシーは、ドンと出会うことで映画の世界で生き直すことになる。

今までのことはなかったことにしてはじめからやり直す、ということが禁じられている世界。どんなに苦しくとも現実に踏みとどまって、原点に立ち返り、現在の間違っている自分を軌道修正せよという要請が絶対的な重みを持っている世界。ドンやコズモがどんなに能天気に見えようとも、ドンとキャシーの恋の顚末がどんなに御都合主義的に処理されていようと、フリード&ブラウンのナンバーがどんなにロマンティックに二人の恋を歌おうと、『雨に唄えば』の基底をなしている世界はカムデンとグリーンが対峙していたハリウッドやブロードウェイでの過酷な現実を反映したものになっている。

映画が公開されたずっと後(一九七二年)に公刊された台本に付された序文においてカムデンとグリーンは、サイレント映画時代に活躍した二枚目俳優、ジョン・ギルバートがトーキー撮影時に「愛している」と何度も繰り返すだけでまともな台詞を話さなかったため観客の嘲笑を買い、結果として没落したことを引き合いに出して、「手品の仕掛けは、もちろん、こんな悲劇の題材を軽妙な諷刺喜劇にはめ込むことだった」(5) とだけ書いている。数十年前に起きた、直接自分の身に降りかかったわけでもない「悲劇」が『雨に唄えば』の題材であって、自分たちが経験した「悲劇」、『オン・ザ・タウン』や『ボナンザ・バウンド』、そして『雨に唄えば』も含めた、現場での終わりのない作り直しは作品の成立とは無関係だと主張したいようにも思える。

だがこう書きつけたときカムデンとグリーンは、少なくとも一つのことは意識していた。悲劇的題材を喜劇的枠組みに組み入れることによって、作品が二重構造を持つようになること。プロプストは同じことをその評伝で二人の「軽妙なミュージカル・コメディともっと重い諷刺ミュージカルという二重の音色（dual tone）」と表現している。冒頭で引用したコーハンの評言を合わせて考えれば、『雨に唄えば』の核にある何か苦痛に満ちたもの、作り手たちだけでなく、観客の現実とも密接に関係がある人生の教訓が、笑いと底抜けの明るさに包まれていることが見てとれる。

キャシーが吹き替えることで『踊る騎士』を再生《リサイクル》することができそうだとわかった後、ドンは去り際にキャシーとキスをして愛を確かめ、至福の境地に至って、雨の中で歌い、踊る。「雨に唄えば」の場面は、説話上のクライマックスでもなければ、大がかりなプロダクション・ナンバーでもないのに、ケリーの身体から発せられる手放しの幸福感としかいえないものが画面を満たすゆえに多くの観客の心を掴み、それゆえに『雨に唄えば』が名作であるという評価を確定させてきた。しかしよく指摘されることだが、この場面はケリーがタップを踏みながら子供のように水しぶきを盛んにあげているところを警官に見咎められて終わる。さらにここでケリーは、デュエットではなく一人でタップダンスを踊っていること、つまりドンが達している至福の境地というのは、他人に伝え共有することのできる社会性を持ったものではなく、独我論的とすらいえる「一人勝手な」感情であることを考慮すると、ケリーが出会う警官とは、社会とその監視の比喩であるようにも思えてくる。少しの間自分の感情に耽溺することは構わないが、然るのちにお前は自らを社会化し、他人とコミュニケーションをとる必要がある、という現実からの要請をこの場面は伝えている。

ケリーの体験した俳優修業の大変さ。カムデンとグリーンの体験した作り直しの厄介さ。だからといって現実を拒否してはじめからやり直すことはできず、原点に立ち返り部分修正を行うこと。こうしたことがそのままリアルに描かれているわけではないので、私たちは教訓をはっきりと感じることはない。だが「雨に唄えば」の場面をはじめとして、『雨に唄えば』は、現実に継続的に関与していく必要があることを私たちに一種の寓話として教えている。

【註】

(1)とはいえ、あまり知られていないことだが、フリードは戦後も作詞を手がけていた。一九五〇年に製作・公開されたエスター・ウィリアムズ主演『パガン・ラブ・ソング』では、ハリー・ウォレン作曲、アーサー・フリード作詞と表示されている。四曲の挿入歌には曲名が与えられていないものの、合衆国議会図書館著作権局の著作権登録目録には曲名も掲載されている(610)。なお、表題曲「パガン・ラブ・ソング」は、フリード&ブラウンのコンビがMGMに楽曲を提供した第二作となる、ラモン・ナヴァロ主演『パガン』(一九二九)の表題曲であり、フォーディンによれば当時一六〇万枚のヒットとなったものだった(351)。

(2)『ジャズ・シンガー』のトーキー部分は一部であり、大半は字幕付きのサイレント上映だった。また、短篇のトーキーであれば同じヴァイタフォンの技術を用いた『ドン・ジュアン』(一九二六)をはじめ『ジャズ・シンガー』以前にも数本公開されていた。カムデンとグリーンも、初のオール・トーキーといえる作品は翌二八年に公開された『紐育の灯』（*Lights of New York*）であることをMGMに知らせたが、「フリード氏もエデン氏も、それはわかっているが、そんなことはどうでもいい、とのこと」と伝えてきたというメモが残っていることを、ヘスとダブホルカーは記している（62）。

（3）公刊された『雨に唄えば』台本は、映画公開のずっと後、一九七二年になってMGM映画脚本ライブラリー・シリーズの一冊としてヴァイキング・プレスから刊行されたものであり、筆者としてベティ・カムデンとアドルフ・グリーンの名前が表示されてるが、後述するように二人が撮影開始前に書いていなかった「ブロードウェイ・メロディ・バレエ」の場面についてある程度詳しい――だが映像が語る内容を十全に表現したとは言い難い――説明があったりする。とはいえ、映画と比較して台詞の異同はないため、本章では『雨に唄えば』の台詞をこの公刊台本から引用し、以降はページ数のみ示す。

（4）『雨に唄えば』は誰が何をやったのかという功績（credit）を正しく知らしめるという主題の映画だが、コール・ポーターの「ビー・ア・クラウン」を盗用して「メイク・エム・ラフ」を作ったり、デビー・レイノルズの声をでリナ役のジーン・ハーゲンが吹き替えたりして、説くことと行うことが違うと論じたクローヴァーは、この場面は「系譜学的な功績（genealogical "credit"）をきちんと説明している」と論じる（160）。この作品は、演劇からトーキーへ、という単純な系譜学だけでなく、演劇のジャンル内における系譜にも関心を寄せている。

（5）ヘスとダブホルカーによれば、「ブロードウェイ・メロディ・バレエ」の撮影には『パリのアメリカ人』のもっと長いバレエシーンでかかった以上の六〇万ドル強が費やされた。それは撮影に要した総費用の約四分の一であり、当初予算の超過分にほぼ相当した。なお、ヘスとダブホルカーはこれに続く部分で「［「ブロードウェイ・メロディ・バレエ」は］『雨に唄えば』全体の筋立ての感情や登場人物の設定を要約する（encapsulate）ことになっていない」と述べており（168）、ヘスとダブホルカーも、二人が引用するジェラルド・マストらの先行研究も、作品全体と「ブロードウェイ・メロディ・バレエ」とが「起源への回帰」という主題で密接に関係づけられていることに気づいていない。たとえばコーハンは「［一九五二年におけるジーン・ケリーのスターとしてのイメージがなければ］もっと場違い（out of place）になる」と書き、マストは「さまざまな映画を［引用することによって］自己点検（self-examination of movies）するというこの作品の掉尾を飾る」と書くが、説話上の類似点には触れていない。

（6）ここには（時代は異なるとはいえ）ジーン・ケリー自身の経験が反映されている。ハーシュホーンの評伝では、レヴュー『ワン・フォー・ザ・マネー』出演当時の一九三九年、ケリーは平板なピッツバーグ訛りでひどい声だったこと、その後演出家ガスリー・マックリンティックとの出会いなどもあって二、三ヶ月必死に努力すると発声が改善されたこと（58）や、ブロードウェイでの出世作となった『パル・ジョイ』（一九四〇）の主役を得るために、オーディション直前になって歌唱指導を受けたこと（72）が書かれている。

【引用文献】

Clover, Carol J. "Dancin' in the Rain." *Hollywood Musicals: The Film Reader*, edited by Steven Cohan, Routledge, 2001.

Cohan, Steven. *Incongruous Entertainment: Camp, Cultural Value, and the MGM Musical*. Kindle ed., Duke UP, 2005.

Comden, Betty and Adolph Green. *Singin' in the Rain: Story and Screenplay with an Introduction by the Authors*. The Viking Press, 1972.

Fordin, Hugh. *M-G-M's Greatest Musicals: The Arthur Freed Unit*. Da Capo Press, 1996.

Hess, Earl J and Pratibha A. Dabholkar. *Singin' in the Rain: The Making of an American Masterpiece*. UP of Kansas, 2009.

Hirschhorn, Clive. *Gene Kelly: A Biography*. St. Martin's Press, 1985.

Mast, Gerald. *Can't Help Singing: The American Musical on Stage and Screen*. Overlook Press, 1987. Kindle ed., Ward & Balkin Agency, 2012.

Propst, Andy. *They Made Us Happy: Betty Comden & Adolph Green's Musicals & Movies*. Kindle ed., Oxford UP, 2019.

U. S. Copyright Office, Library of Congress. *Catalog of Copyright Entries*, Third Series, Vol. 4, part 5A, no. 1: Published Music January -June 1950. Copyright Office, Library of Congress, 1951.

第三章

暴力は~~統御可能である~~

——『掠奪された七人の花嫁』における冷戦的思考

これらの事情からみてアメリカの対ソ政策の主たる要素は、ソ連邦の膨張傾向に対する長期の、辛抱強い、しかも確固として注意深い封じ込め《コンテインメント》でなければならないことは明瞭である。けれどもこのような政策は、外面の演技すなわち脅威とか怒号とか大袈裟な身振りで外面的「強硬さ」をみせることとか、そういったことどもとなんの関係もないものであることを指摘しておくことが大切である。

ジョージ・F・ケナン「ソヴェトの行動の源泉」（一七七）（傍点は引用者）

1　はじめに

一九五四年七月に公開されたMGM製作、スタンリー・ドーネン監督のミュージカル映画『掠奪された七人の花嫁』は、一九五〇年代「歌もの」ミュージカル全盛期にあって、器械体操を思わせる精密かつアクロバティックなダンスを売り物にして、低予算ながら大ヒットした、という事実のみが注目され、ローマ建国期の伝説「サビニの女たちの強姦」を下敷きにスティーヴン・ヴィンセント・ベネーが一九二六年に発表した短編小説「すすり泣く女たち」（“The Sobbin’ Women”）を原作とするその物語内容が真剣に検討されることはこれまでなかった。[1] 一八五〇年のオレゴン・テリトリーを舞台に、山男の七人兄弟の長男アダムが町の娘ミリーと結婚したことに刺激された弟たち六人が、自分たちの結婚相手として町娘を掠奪してくる、という映画の粗筋を聞けば、いかにも問題含みで格好の研究対象になるように思えるが、マイケル・キッドが振り付けたダンスによる乱闘場面の演出の見事さにくわえ、山男たちの暮らしの牧歌的雰囲気や、アダムを演じたハワード・キールの素朴で飾り気のないペルソナも相まって、現実味のない「おとぎ話」に仕上がっていることが、これまでこの作品が注目を浴びてこなかった一つの理由だろう。

とはいえ、暴力を伴った小競り合いを繰り返しながらも「町の奴ら」との決定的な対決だけは回避する、というこの作品の筋立ては、紛うことのない核時代の産物だ。核という最終兵器の存在がある以上、暴力の発動は計画的にかつ決して過剰にエスカレートしないかたちで限定的に行わなければならない。この作品の主人公アダムは、相手が挑発してきてもじっと耐え、暴力的衝突を極力避けて和解の道を探る。それは核保有国となったソ連とイデオロギー上の対立をし、軍拡を進めながらも、決してホット・ウォーへと歩を進めることのなかった冷戦期アメリカ合衆国の姿と重なる。

けれども、この作品が語る「暴発することのない暴力」という撞着語法の主題は、結末の荒唐無稽さによってそれが願望充足の夢であることを自ら暴露してしまう。そもそも、ローマ人に掠奪されて子をなしたサビニの女たちが、取り返しにやってきた父親たちと夫たちの戦いの間に入って止める、というローマ建国期の伝説「サビニの女たちの強姦」も、暴力は統御可能であるという「夢」を語っていた。この伝説のパロディであるベネーの「すすり泣く女たち」も、女たちの掠奪とその後の和解が全て長男の妻ミリーの入念な計画にもとづいていた、という「裏話」を語りつつも、いかにして暴力を制御するかという問題意識が見え隠れする。『掠奪された七人の花嫁』では、ベネーの原作にはない設定をいくつか導入することで伝説の再神話化をはかる。とりたててそうする必然性はないのに、物語の虚構性が原作以上に強調されるのは、小競り合いを繰り返しても最後には和解する、という筋立ては「絵空事」であって、「現実の」暴力は統御可能ではない（ソ連との衝突は全面核戦争までエスカレートする可能性がある）という認識を作り手たちが抱いていたからだと想像することはたやすい。同年に公開され、似たような「おとぎ話」のMGMミュージカル映画『ブリガドーン』が潤沢な製作費をかけたにもかかわらずヒットせず、低予算映画のこの作品が大ヒットしたのは、「夢」と「現実」の絶妙のブレンド具合ゆえだったと言えるだろう。

2　冷戦における政治的現実主義《リアリズム》

以上のことをまず、時代的な背景から詳しく見ていこう。冒頭の引用にある「封じ込め」という言葉が一人歩きをしたせいで、ジョージ・F・ケナンの後半生はその真意の釈明に費やされた感がある。とりわけ政治的リアリスト・ケナンの面目躍如たる、この「けれども」以降の後半部分がまるで無視されてきたのには驚かざるを得ない。

もっとも、慎重に選び抜かれたはずの言葉の連なりが一定の磁場に置かれると別の意味を帯びるようになることは冷戦期アメリカ社会においてはしばしばだった。たとえば、一九四七年三月にハリー・S・トルーマン大統領は両院合同会議で演説をし、東西の冷戦対立構造という図式を国民に提示したが、「ギリシャおよびトルコへの援助の勧告」というその正式題名が示すように、この演説は「全体主義勢力の脅威に直面している自由な諸国民を援助するという一般原則の具体的適用として、ギリシャ・トルコ援助が正当化され」(有賀二二八)ることを目的としたものであり、それが「トルーマン・ドクトリン」という名前で冷戦イデオロギーの核になることは当初からはっきり意図されてはいなかった。同様に、同年六月に「X」という匿名でケナンが論文「ソヴェトの行動の源泉」を『フォーリン・アフェアーズ』に発表したときも、米ソの対立とはイデオロギーの対立である、という言説が、トルーマン政権が意図していた以上にアメリカ社会に浸透してきたことに対する掣肘の意味合いが込められていた。[2] というのは、たしかに「米ソ関係の問題は、本質的には、国際社会の中の一つの国としてアメリカがもっている価値全体が試されることなのである」(一八九一一九〇)と論文の終わり近くにケナンは書くのだが、「アメリカがもっている価値」という言葉で彼が意味していたのは、共産主義のイデオロギーの硬直性に対する、思考や政治的態度の柔軟さのことだったからだ。ケナンによれば、アメリカの行動がロシアの政策に与えられる影響とは、

……アメリカが、自分が何を欲しているかを知っており、国内生活の問題にも世界的強国としての責任にも適切に対処しており、その時代の主要なイデオロギーの流れの中に立ってひけをとらずにやってゆけるだけの精神的生命力を持っているという印象を、世界諸国民の間に、どの程度に広く与え得るかという問題

である。そして

そのような印象が与えられ、その印象を保ってゆける限り、ロシア共産主義の目的はつまらないドンキホーテ式のものにみえ、モスクワを支持する人々の希望や熱狂性はうすらぎ、クレムリン外交の緊張度が強められるにちがいない。（二八八、一部改訳[3]）

と断言する彼はのちに「一九四九年までにワシントン――すなわち国防総省、ホワイト・ハウスおよび国務省――の大多数の人々は、ソ連がかなり近い将来、第三次世界大戦となるかもしれない戦争を始める危険が現実に存在するという結論」に達したことについて、自分がすでに当時から「そのような見方に反対であった」（二四二―二四三）ことを述べている。

当然のことながら、一九五〇年に勃発した朝鮮戦争への合衆国の参戦にもケナンは反対したが、それは受け入れられなかった。多大な犠牲を払いながらも長期化する戦争に嫌気がさしていた国民に対して早期停戦を約束したドワイト・D・アイゼンハワーが一九五二年の大統領選挙で圧倒的な勝利を収め、二〇年ぶりの共和党政権が誕生することになったことをケナンは皮肉な目で眺めていたに違いない。だが一九五三年、新たに国務長官に就任したジョン・フォスター・ダレスは、トルーマン民主党政権下の前任者ディーン・アチソン同様ケナンを冷遇したので、彼は失意の内に国務省を去ることになった。[4]

そのダレスは一九五四年一月、発足後一年を経たアイゼンハワー共和党政権の軍事・外交に関する基本的方針の一環として、悪名高い大量報復政策を発表した。藤田文子によれば「この政策が示唆する核戦争の可能性は国の内外に大きな衝撃を与え、……アメリカの対ソ強硬外交のイメージを一段と強めることになった」。その背景には「当時アメリカが核兵器、運搬手段の面でソ連に対し圧倒的な優位に立っていたという事実がある。新戦略の重要な『環』となる核の抑止力は、ソ連に対して報復を恐れずに一方的に核攻撃を行い得るという、この核の優位を前提としていた」（三〇四−三〇五）。

だが野に下ってからのケナンがエレミアの嘆きのようにアメリカ外交の「法律家的・道徳家的アプローチ」を批判し続けたからといって、アイゼンハワー政権がイデオロギー対決にこだわり冷戦というチキンゲームにますますのめり込んでいった、と考えるのは誤りである。というのは、藤田が指摘するように、

「大量報復」に代表されるアイゼンハワー政権の対外政策は、みかけの強硬さ、大胆さとは裏はらに、実質的には国内政策と同様むしろ消極的なものであったといえよう。ニュールックを支えたのは、軍事予算の膨張が軍事国家《ギャリソン・ステート》になることを恐れ、アメリカの地上軍強化より外国同盟軍の育成が安上がりにつくとして軍事援助、軍事同盟を重視する発想であり、アメリカ人の犠牲を最小限にしたいという現実的な考え方だった（三〇九）

からだ。さらに、アイゼンハワー自身も軍人出身でありながら政府支出に占める軍備費の割合を抑えることを一貫して主張した。一九六一年の任期を終える直前に行った「告別演説」で軍産複合体という言葉を用いて批判したことがもっとも有名だが、就任後三ヶ月経過した一九五三年四月、彼

はスターリン死去の際に「平和にチャンスを」演説を行っている。「最悪の事態は核戦争だ」と言及したあとで、「重爆撃機一機の費用は、煉瓦造りの近代的な校舎三〇棟以上、人口六万人の町に電力を供給できる発電所二基、完全装備の病院二施設、五〇マイル以上のコンクリート舗装に匹敵する」と述べるアイゼンハワーは、ケナンと同じく政治的リアリストであった。

3　毀損する「男らしさ」とリアリズム

内政においては一九五〇年から五四年にかけての五年間は「マッカーシーの時代」であり、マッカーシーの言うところの「共産主義的無神論とキリスト教との最終的かつ全面的な闘争」（古谷一八三に引用）が繰り広げられていたかのような印象を持つが、軍事・外交において、この時期の合衆国はイデオロギーの対立を煽って全面核戦争に突入することを避けるための現実主義的な方途を模索していた。ソ連の核実験が成功して以降（一九四九年八月末に初の原爆実験、一九五三年八月半ばに初の水爆実験が成功した）、核戦争および人類の破滅という未来が一層現実味を帯び始めたこの時期は、第二次世界大戦直後にもまして「平和にチャンスを」与えることが必要だと考えられたのである。

したがって、一九五四年七月に公開された『掠奪された七人の花嫁』にこのようなリアリズムが反映されているのは当然だろう。この映画を見たアイゼンハワーが「諸君がまだ見てないのなら、ぜひ見なさい」と言ったという逸話(5)は有名だが、西部劇大衆小説が大好きだった大統領はたんに

『掠奪された七人の花嫁』の設定や物語を気に入っただけでなく、「小競り合いを繰り返すのはかまわないが、全面対決は回避しなければいけない」という「教訓」をこの映画から読み取ったからこそ国民に鑑賞を勧めたのかもしれない。

もっとも、このような教訓を読み取るために『掠奪された七人の花嫁』は原作の「すすり泣く女たち」から大分改変されている。もっとも目立つ特徴はミリーの役割が後退したことだろう。ベネー作品におけるミリーは「どんなことも前もって考えてあった」("She had plans for everything", 158)と説明されるように、すべての人事を司る一種のマスターマインドとして描かれていた。町の娘たちの掠奪を扇動するのも、兄弟たちと娘たちの父親たちを和解に導くのも彼女の指図によるものだし、そればかりか、掠われてきた娘たちに向かって自分は何も知らなかったかのように同情してみせるという二枚舌を使いさえする。

一方、映画では、気丈で男まさりの女性というミリーの基本的な設定に変化はないものの、ハワード・キール演じる夫のアダムがはるかに積極的な役割を担う。娘たちの掠奪を計画するのも、また町の人々たちが取り返しにやってくるのを知って娘たちを家族のもとに返そうと決意し、返り討ちにしてくれると血気はやる兄弟たちを必死の思いで説き伏せて、原作同様に抵抗せずに受け入れるよう取りはからうのも、長兄アダムである。

さらに、アダムの行動原理は家族であることも強調される。アダムが掠奪を決意するのは、町にでかけたときに一目惚れした「恋人」に会う機会がないことに我慢がならなくなった次男ベンジャミンが、家を出て行くと言っていることをミリーから聞かされ、このままだと兄弟が次々に家を出ていってしまうだろうと危惧するからである。町の人々の襲撃に抵抗しようとする兄弟たちを体を張って止めるのは、娘たちの父親と争うわけにはいかないと考えるからである。なるほど、男が主導権を握るように書き換えるのは一九五〇年代アメリカ社会の保守的な家父長的イデオロギーを体現しているとも解釈できる。だが、こんなふうにアダムが「家庭的な男《ファミリー・マン》」として描かれるのは、原作に比べるとアダムが女性化《フェミナイズ》され、飼い慣らされた《ドメスティケイト》／家族的になったとも言えるのだ。

そして後者のような解釈に視覚的説得力を与えるのは、アダムを演じたハワード・キールの曖昧な「男らしさ」である。そのデビューから、キールは外面の「男らしさ」と「内面」の「男らしくなさ」が同居しているミュージカル俳優だった。「歌って踊れる男《ソング・アンド・ダンス・マン》」がフェミニンで両義的な存在であることはしばしば指摘されてきたが(6)、背が高く、がっしりとした体格を持ち、口ひげの似合う浅黒い顔のキールは、歌もうまく、MGMは専属のミュージカル男優として売り出そうとした。一九五〇年のデビュー作『アニーよ銃をとれ』、五一年の『ショウ・ボート』、五三年の『キス・ミー・ケート』と、結婚生活における両性間戦争《セックス・ウォー》を扱ったMGMミュージカル映画に主役あるいは準主役として立て続けに出演したキールはしかし、どの映画でも「男まさり」の妻と争い、最終的には「勝たせてもらう」けれど、どうみても本当の意味では負けている、という役柄を演じたことで、五〇年代ハリウッド映画における男性性の議論で分類される類型には属しない、独特の「曖昧さ」を醸し出すことになった(7)。

同じ「歌って踊れる男」といっても、たとえば三〇年代、ジンジャー・ロジャースとのコンビによる一連のRKO映画で一世を風靡したフレッド・アステアは、そのにやけた顔や甘い声、優雅な足さばきのせいで当初観客に「なよなよとした男」という印象を与えるものの、恋の相手に対する一途で迷いのない姿勢はむしろ「男らしい」。『掠奪された七人の花嫁』の二年前、一九五二年に公開された『ベル・オブ・ニューヨーク』のナンバー「ダンサーになりたい」（"I Wanna Be a Dancin' Man"）でアステアは、「強力な国を作るのは他の男たちに任せよう／空まで届く摩天楼を作るのも／僕が残したいのはちょっとした創造物／それをよすがに僕が踊っていたことを示すもの」と歌い、「生産」的活動に従事するのをはっきり拒否して「歌って踊れる男」の矜持を示す。

一方、ハワード・キールは女性役に対して最初から決然と振る舞おうとするのだが、いつも何らかのかたちで裏目に出る。『アニーよ銃をとれ』で演じたフランク・バトラーは、射撃名手の妻アニー・オークリーに銃の勝負で勝ちを譲ってもらうし、『ショウ・ボート』で演じたゲイロード・ラベナルは、博奕に身を持ち崩し妻のもとから姿を消す。『キス・ミー・ケート』で演じたシェイクスピア俳優フレッドは、劇中劇『じゃじゃ馬ならし』でペトルーキオを演じるのだが、ケイト役の離婚した妻リリーと舞台上で痴話喧嘩をした挙げ句、散々リリーにぶちのめされる。

それまでのキール出演作を見てきた同時代の観客は、『掠奪された七人の花嫁』においても彼の「男らしさ」は、何らかのかたちで毀損されるとわかっていたはずだ。実際、初夜を過ごすにあたってアダムは「あなたは妻ではなく料理や洗濯をしてくれる女中が欲しかっただけだから、あなたと一緒に床につかない」とミリーに言われてしまう。

もちろん、これは直後にうたわれるミリーのナンバー「恋をしているとき」（"When You're in Love"）を導入するきっかけだとも言える。一時的に仲違いしたカップルがナンバーのあと仲直りする、というのは統合ミュージカルのお約束事だからだ。だが一人で寝室の外にある木の梢の上で寝ることにしたアダムにたいし、ミリーは「兄弟たちの手前、あなたの面子を潰すわけにはいかないから」という理由で部屋に戻ってくることを許すのだ（写真1）。

妻のお情けで同衾を許されるような「恰好の悪い」夫としてアダムは描かれるだけではない。兄弟たちが町に行って女たちを掠奪してきたと知って激怒したミリーは、女たちが家にいる間は一歩も足を踏み入れさせない、納屋で生活するようにと兄弟たちに命じ、さらにアダムに向かっても「妻を料理し掃除するだけだと思っている」「理解も感情もない」「あなたを見るのは耐えられない」となじる。

ミリーにとって愛情は双務的なものであり、一方が片方を愛しているからという理由で掠奪してくることは決して正当化されないし、その掠奪を先導した夫も当然非難されるべき存在である。愛情を編成原理とする核家族にすべての価値の源泉を置く当時のアメリカの社会風潮においては、ミリーの主張は現在の私たちが耳にするよりもさらに説得力のあったものだったろう。はたしてアダムはこれに一言も反論できず、冬の間山小屋で過ごすとミリーの制止を振り切り出ていく。

原作にはないこのようなエピソードが付けくわえられたのは、アダムの「男らしさ」を強調するためかもしれない。だが妻との言い争いに負けて家出する夫はどんな状況であれ滑稽である。マチズモが賞揚される時代にあって、男としてのプライドをずたずたにされるアダムが描かれる映画が大ヒットしたという事実は特別な注目に値する。

それは一つには、ケナン的リアリズムが当時の社会に（その前後の時代よりも）幅広く共有されて

写真1　樹上で過ごすアダムにミリーは「兄弟たちの手前、あなたの面子を潰すわけにはいかないから」という理由で部屋に戻ってくることを許す（00:23:58）

いた、ということでもあった。ソ連邦の封じ込めについてケナンが書いた「外面の演技すなわち脅威とか怒号とか大袈裟な身振りで外面的「強硬さ」をみせることとか、そういったことどもとなんの関係もないものである」とは、アダムの態度にもあてはまるものだ。アダムは妻と対立し、掠奪を敢行したことで町の人々とも対立するが、暴力的手段に訴えて決定的な別離をはかることはない。

　思えば、「サビニの女たちの強姦」の伝説も、共同体の存続のために倫理が蹂躙されるという場面を二度にわたって語るものだった。紀元前一世紀にリヴィウス（リーウィウス）が著した『ローマ建国史』で「サビーニー処女の拉致」として言及され、紀元二世紀にプルタルコスが著した『対比列伝』（『英雄伝』）においてより詳細に語られるこの伝説においては、第一に、国家の存亡を賭けて異民族の女たちを掠奪し、レイプし、子供を生ませるという、現代の視点から見れば民族浄化の一形態が、やむを得ずしたことだとして正当化される。『ローマ建国史』でリヴィウスが語るところによれば、王族の血を引きながら羊飼いの息子として育てられたロムルスは成人したのち、双子の弟レムスとともに、王位を簒奪した大叔父アムリウスを倒し、自分たちが育った丘に戻り新たな王国を作ろうとする。だが城壁を築く場所をめぐってレムスと口論になったロムルスは決闘で弟を殺し、都市国家ローマの初代の王となる。だが

女性が僅かなので、さしもの大衆が一代限りで絶えようとしていた。家に子の生まれる望みがなく、近隣の民との通婚もなかったからである。

そこで、ロームルスは父たち《パトレース》の助言に基づき、あたり一体の民へ使節を送り、新生の人民との親善と通婚を求めた。

……

使節の言葉はどこでも快く聞いてもらえなかった。それほどまでに、近隣の民はローマを蔑《さげす》みつつ、同時に、彼らの真中の新勢力が大きく成長することを彼ら自身のため、また、子孫のために危惧《きぐ》していた。(三二)

そこでロムルスは一計を案じて、ネプトゥーヌスの祭りを開催するから参加するようにと、近隣の部族に呼びかけた。カエニナ、クルストゥメリウム、アンテムナエといった町から多くのサビニ人がやってきた。

催物の時刻が来て、それへ目と心が釘付けになったとき、示し合わせたとおり実力行使が起き

た。合図が出るや、ローマの若者たちが処女《おとめ》を掠《さら》らうべく走り散る。処女《おとめ》の多くは、たまたま出会った男に拉致された。容姿すぐれた若干名は父たち《パトレース》の有力者にきめられていて、役目を言いつかった平民の者が家いえへ連れて行った。（三三―三四）

『英雄伝』のプルタルコスは、ローマ帝国におけるギリシャ人というその複雑な境遇もあってか、暴力行使の正当性・必然性を説くことに一層熱心である。「女たちを人質に取るという不正を犯しても、それが何らかの点で彼らとサビニ族との融和と協力のきっかけになるだろうと期待して、……実行した」（七六）と断じるだけでなく、続く節では

人さらいをやったのは傲慢のゆえでもなく、不正を犯したわけでもなく、両種族が交じり合い、最大の必然に従って一つの種族となるようにと念じてのことである（七八）。

と書いて、「不正を犯した」ことも否認する。

けれどもリヴィウスもプルタルコスも暴力を称揚することはない。異民族と接する土地での建国にまつわる、血塗られた歴史を語るにあたり、この二人の歴史家の態度は暴力を必要悪として消極的なかたちでのみ認めるという点で一致している。だからこそ、ローマ人とサビニ人との戦いを掠奪された当事者たる女たちが止める、というこのエピソードのクライマックスを物語る彼らの筆致は昂揚したものとなる。紙面の関係上で、ここではプルタルコスの記述だけを引用しよう。

ここで彼らが、はじめは戦うつもりで、いろいろ手はずを整えていると、見るだに奇っ怪な、言語に絶する光景が現れてそれを防げた。というのは、先にさらわれたサビニ族の娘たちが、あっちからもこっちからも、喚声をあげながら現れるや、さながら神に憑かれたように、武器の間をくぐり抜け、死体の間を縫いながら、それぞれの夫や父のところに駆け寄り、ある者はいたいけな幼子を腕に抱き、ある者はほどけた髪を顔の前で振り乱しながら、しかしみな打ち揃って、あるいはサビニ人の、あるいはローマ人の、いとしい人の名をあげて呼びかけた。すると両軍とも、これには心を動かされて、向き合う双方の隊列の距離を広げて、そのまん中に彼女らを入れた。すると一斉に、皆の者に泣き声が起こって、それを見た者には、しかしそれ以上に、彼女らの、何が正しいことなのかについての、率直な意見開陳から始まって、懇願と要求に終わる言葉を聞いた者には、深い憐れみの情が湧いてきた。彼女らは言った、「こんなにひどい目にあってきた、そして今もあっているとは、私たちは一体、どういうひどい、いやなことをしたのでしょうか。私たちは、今は夫になっている者たちに、力づくで、無法に辱めを受けましたが、兄弟たちからも父たちからも、そのほかの身内からも、こんなに長い間放っておかれましたゆえ、私どもは今、その憎い敵と、必然の掟によって、固く結ばれて、私たちに対して力づくで無法をはたらいた人々が、戦をすれば心配し、死んだと聞けば泣くようになりました。皆さん方は今になって攻め込んでいらっしゃいましたが、これではもはや、処女である私たちを辱めた人々に対して、懲罰を与えることにはなりません。そうではなく、妻から夫を、子から母を引き裂くだけです。

> 私たちには、あの無視と裏切りの方が、「憐れむべき女たちを助けるための戦い」なんかよりは、まだしも惨めさが少なくてすみます。この人たちからはこれほど愛されていますが、あなた方からはこれほど憐れまれているのです。もし、何か別の理由で戦争をなさるのでしたら、あなた方は今や、私たちを通して、舅となり祖父となり身内となっておいでですから、その戦争はやめるべきだったのです。しかしもし、戦争は私たちのためだとおっしゃるのなら、どうか私たちを、婿や子供たちと一緒に連れて行ってください。父や身内を、私たちに返してください。子や夫を取り上げないでください。皆さん方にお願いします。私たちを二度と捕虜にしないでください」。ヘルシリアがこういうことを述べ立て、ほかの女たちもお願いに及んだので、両軍は休戦の誓約を交わし、将軍たちが集まって協議に入った。（八七－八九）

「見るだに奇っ怪な、言語に絶する光景」という形容が明らかにするように、プルタルコスはローマ人とサビニ人との戦いの場に突然現れた女たち（そして彼女たちに抱えられた幼子たち）を、言語で表象不可能な声と身体をもった存在として捉えている。リヴィウスはこれよりずっと簡潔であるとはいえ、直接話法を存分に用いてサビニの女たちの懇願をたっぷりと聞かせる。二人の歴史家はともに、戦争＝暴力の終結を、声（と身体）の出現と接続するのだ。

もちろん、女たちは「懇願と要求に終わる言葉」を語るだけでなく、男たちに理を説いている。だが報復より親族関係が優先する、という彼女たちの「論理」は、結局のところ、あらゆる道徳律を超越してただ生き延びよ、という（理屈にならない）リアリズムにたどりつく。直接の被害者である女たちが報復の論理を否定することで、暴力の連鎖の可能性が潰え去った、というのがこの伝説のいちばん「美しい」解釈だが、生き残るためにはどんなに不名誉な行為も許される、と読者に説く点において、暴力による対決回避は、サビニの女たちの掠奪を正当化する言説と同型になっている。言葉は道徳に寄り添うゆえに、名誉を守るために死を選べと人間に命じることがあるのに対し、身体は言葉を無視して生き延びよと語りかける。核戦争の脅威のもと、自分たちの存続が懸かっているときには、信じる価値を自ら踏みにじってでも対立者との宥和をめざすべきであるという言説がベネーの短編を経由し、二〇〇〇年前以上の伝説から蘇らせられたことは興味深い。

4　伝説の「再神話化」が意味するもの

ただし、男としてのプライドをずたずたにされるアダムが描かれたのは、一方では政治的リアリズムに照らしての「男らしさ」の再定義であるとともに、他方では男性性が毀損されるという事態を虚構の物語の枠内に「封じ込めて」おき、現実の五〇年代アメリカ社会で男性が実際に体験していることとしては認めない、という動きでもある。前述のように、MGMミュージカル映画においてハワード・キールが女たちからとっちめられる姿は概して誇張され滑稽に描かれており、その分「現実味」は薄い。その上『掠奪された七人の花嫁』は、「サビニの女たちの強姦」の再神話化である「すすり泣く女たち」以上に再神話化されており、観客が物語を「絵空事」として受け止める余地は増している。

　その一つの例が、兄弟たちの名前を変更したことだ。原作では長兄はハリー・ポンティピーであり、ハルバート、ハーヴェイ、ホセアと続いて、五男・六男の名前は示されないものの、末弟の名前がホブで、みなHからはじまっている。それぞれの名前に何らかの意味が込められていると解釈することも可能かもしれないが、ひとまず作品全体を支配する冗談めかした雰囲気がよく表れているとだけ考えるのが妥当だろう。一方、映画では旧訳聖書の人物の名前がアルファベット順に使われる。アダム、ベンジャミン、ケイラブ、ダニエル、エフライム、ギデオン。ただし六男のみ、Fからはじまる名前がないので乳香を表すフランク。

　説話上の要請があるわけではない、恣意的な名前の変更に、作り手たちの再神話化の企図を見出すことはたやすい。もともと、伝説や神話を私たちの日常生活の文脈に置き換えて語り直すという神話の世俗化の試みはヨーロッパ文芸の伝統である。だがジェイムズ・ジョイスが一九二二年に刊行した小説『ユリシーズ』がそうであるように、そしてベネーの「すすり泣く女たち」がそうであるように、モダニズムの芸術家たちによる神話の脱神話化は再神話化の契機をはらんでいる。「すすり泣く女たち」において、ポンティピー一家の兄弟たちによる町の娘の掠奪は、初期植民地時代という以外、時代も場所も特定されずに語られる。リアリズムの手法で描かれてはいるものの、ユーモラスで牧歌的なベネーの語り口も相まって、読者はその暴力性を深く意識せずに、よくできた「おとぎ話」として捉える。『掠奪された七人の花嫁』では、舞台が西部開拓華やかなりし頃、一八五〇年のオレゴン・テリトリーとして指定されることでより「リアル」な物語として語り直されているように見えながらも、長兄の名前をアダムに変えることで、ローマの建国神話とアメリカの建国神話を重ね合わせるという原作者ベネーの「気の利いた」趣向をさらに一歩進め、旧約聖書創世記の世界を呼び込む。

だが結末を荒唐無稽なものに変更することがなければ、原作と同様、「気の利いた」趣向だと理解することも可能だったろう。ベネーの原作では、兄弟たちが住む谷間へと通ずる峠道は積雪で閉ざされているので、掠奪のあとしばらく時間が経過する。雪解けのあと、ライフル片手に娘を取り返しにやってきた父親たちは、ミリーに娘たちの幸福な結婚生活を見せられ、戦意喪失する。ミリーは娘を取り返しにやってきた男たちの一人である牧師に向かって「私の子供の洗礼にちょうど間に合ったわ」(160) と言う。

一方、映画では峠道が雪で閉ざされる、という原作の設定は生かされるものの、原作では明示されていなかった六ヶ月という期間が経っていることが語られる。前述のとおり、アダムはすでに女たちを町に戻そうと決意し、暴力を使って反対する兄弟たちを説き伏せている。だが女たちもまた町に戻ろうとしない。抵抗する女たちに言うことをきかせようと兄弟たちが奮闘しているところに町の人々はやってきて、アダムたちの不意を襲う。娘たちが乱暴されていると勘違いした父親たちは一層激昂して「手近な木に全員吊してやる」と意気込むが、牧師が「去る前に知っておきたいことが一つある」と言って「先ほど泣き声を聞いた赤ん坊は誰のものか」と尋ねる。すると実家に戻されると思い込み、絶望に打ちひしがれた表情の娘たちは互いに顔を見合わせて微笑し、「自分たちのものだ」と口々に言う (写真2)。カットが切り替わると、ショットガンを小脇に抱えた父親た

写真２「赤ん坊は誰のものか」と尋ねられた娘たちは「自分たちのものだ」と口々に言う（01:40:30）

ちが憮然とした表情で立ち尽くすなかで、牧師が集団結婚式を執り行っている。

　子供ができたので父親たちは娘たちの結婚を承諾せざるを得ない、というオチであることはわかるものの、この結末はいかにも荒唐無稽である。まず、いくら頭に血が上っているとはいえ、娘たちが掠奪されたのは六ヶ月前なのだから、赤ん坊は彼女たちの子供ではなく、それ以前に結婚していたミリーとアダムの子供であるはずだ、と男たちの一人として思い当たらない、というのは不自然だ。しかも、赤ん坊は一人だけなのだから、娘たち六人が全員結婚する必要はない。

　それでも、六ヶ月という期間が明示されていなければ、この結末の不自然さはそれほど目立たなかったはずだ。暴力は統御可能である、という物語を語りながら同時にその物語が「絵空事」であることを自ら暴露するこの設定は、現実には暴力は統御可能ではない、という深い絶望を作り手たちが抱いていたことを示唆する。

5　おわりに

このミュージカルのハイライトシーンは、町の祭りに参加した兄弟たちが、納屋の四方の壁をどのグループが早く建てるかを競うゲームにおいて、彼らが娘たちの心を奪いはじめていることに気づき反感を募らせた町の若者たちのさまざまな嫌がらせに最初は耐えるものの、我慢しきれず怒りを爆発させて乱闘になる、その一連のシークエンスをダンスで表現したところだ（写真3）。振付家キッドは俳優たちの身体を見事に制御することで暴力が制御しきれなくなるさまを表現した。それは、どんなに制御しきれないように見えても暴力は制御可能であるという、作品の見かけ上の主題にも対応している。

別の見方をすれば、ダンス・ミュージカルの傑作として名高いこの作品において、身体性は意味を凌駕することはない、ということをそれは示しているとも言える。そして、誰の赤ん坊かと問われて娘たちが口々に「自分のものだ」と言い立てることで父親たちが戦意を失うという結末のエピソードは、言葉の意味が効力を持ち、身体を支配することが可能だと観客に示すことであるとも言える。

暴力は統御可能であるという同じ「夢」を語るのであっても、『掠奪された七人の花嫁』の原作ベネー「すすり泣く女たち」や、ベネーが依拠した「サビニの女たちの強姦」は、結末において言語による身体の支配をここまで楽観的に示すことはない。前述のようにリヴィウスやプルタルコスは、男性による身体的暴力（戦争）が女性の声と身体によって止められる、という事態を描いた。

写真3　納屋を組み上げる競争だったのが、山男たちと町の男たちの大乱闘になる（00:49:38）

たしかに二人の歴史家は、ロムルスらが行使した暴力を言語によって正当化することで、暴力すらも言語によって馴致されうる、という印象を読者に与えることに成功している。しかし暴力の発動を無効化する場が出現した理由を記すにあたって、彼らは言葉以外の、身体と声という言葉を超越した手段に頼らざるを得なかった。

ベネーによる伝説の書き換えにおいても、暴力の発動の阻止にあたって身体的感覚が呼び起こされる。「娘はどこだ」と詰問する町の人々に向かい、ミリーは耳を澄ませと命じる。最初にミリーに問い質した牧師はそう言われて口をつぐむと、紡ぎ車が立てるカタカタという音とともに娘がハミングしているのを耳にする。「傷ついているように聞こえるか」（“Does she sound hurt”）とミリーに問われた牧師は顔をしかめながらも「満足しているように聞こえる」（“She sounds content”）と言わざるを得ない。牧師以外の人々が口々に娘の安否を問いはじめると、

「耳を澄ませて！」とミリーがもう一度言うので、彼らは再び沈黙した。するとどこかから、攪拌機のパシャパシャという

音、一人の女がバターになれと話している声、台所で鍋がぶつかる音、一人の女が仕事をしながら歌っている声、洗濯板にピシャっと服をぶつける音、一人の女が食卓を準備しようとカタカタ言わせている音が聞こえた。(161)

それまで言葉を巧みに操り人の心を動かしていたミリーが、暴力の行使の可能性に直面すると、あたかも極限状況では言葉による説得は無効だと示唆するかのように、相手の聴覚に訴える。リヴィウスやプルタルコスほどではないものの、身体的暴力を統御するのに身体が必要であることを示している。

これらに比べれば、町に帰らせようと兄弟たちが女たちと争ったり、町の人々と兄弟たちが乱闘したりする『掠奪された七人の花嫁』の結末は、身体性こそ過剰に表象されるが、それらは言語のもとに統御されている。その見事な統御ぶりは重大な隠蔽があると疑わせるに十分であり、そして抑圧は回帰するというフロイトの言葉どおり、荒唐無稽さによってそれが「絵空事」であり、願望充足の夢であることが暴露される。核戦争の脅威下、生存のためのリアリズムを提唱しつつ、根本的な不安に怯えるアメリカ社会の姿、冷戦的思考としてしか呼びようのないものが『掠奪された七人の花嫁』には刻印されているのだ。

【註】

（1）モーデンが「『掠奪された七人の花嫁』はダンスものだが、ＲＫＯのアステア&ロジャース映画がそうであるのとは違う意味においてそうなのだ」と書き出してダンス・ミュージカルとしての特異性について論じるのを除けば、アルトマンおよびケスラーのところどころに短い記述があるのが目立つくらいで、『掠奪された七人の花嫁』について正面切って論じた学術的研究はない。一般読者向けの書物では、ディルが「不当にも政治的公正さによって差別されてきた」この作品のために一節を割いているが、物語内容についての深い分析は見られない。

（2）ルカーチ『評伝　ジョージ・ケナン』によれば、ケナンは一九四七年三月六日に、「その六日後にトルーマン大統領が議会で演説することになる教書の草案を示され」、「ディーン・アチソン次官に自らの懸念を伝えた」が、「彼の批判はなんらの影響も与えなかった」（九〇）。

（3）邦訳は岩波現代文庫『アメリカ外交50年』所収の近藤晋一・飯田藤次訳「ソヴェトの行動の源泉」に拠るが、当該の引用部分については原書にもとづき、「その時代の主要なイデオロギーの流れの中に立って自国のイデオロギーを保ってゆける」（一八八）ではなく、「その時代の主要なイデオロギーの流れの中に立ってひけをとらずにやってゆける」（"holding its own among the major ideological currents of the time"）と変えている。合衆国は特定のイデオロギーを奉じる国家ではないと考えるケナンの本論文の趣旨からいっても、語学的に言っても、"hold one's own"を「自国のイデオロギーを保つ」と訳すのは単純に誤りだが、そのように誤って訳され、かつそれが五〇年以上も正されずに流通していたという事実に、イデオロギーの対立としてのみ冷戦をとらえる一面的な見方が反映されているとも言える。

（4）ケナンの封じ込め政策が誤解されてきたことについては、たとえば鈴木を参照のこと。

（5）よく知られているように、アイゼンハワーはテレビやラジオで直接国民に話しかける手法を好んだ。ワーナー・ホーム・ビデオが二〇〇八年に発売したＤＶＤ『掠奪された七人の花嫁』Two-Disc Special Edition の Disc 2 に所収の、"Sobbin' Women: The Making of 'Seven Brides for Seven Brothers'" (1997) という短編ドキュメンタリーにはこの部分が引用されている。

（6）たとえばコーハン（1993）を見よ。

（7）スティーヴン・コーハンは『マスクした男たち』において、ピーター・ビスキンドの同様のテーマを扱った『百聞は一見に如かず』(*Seeing Is Believing*、未邦訳)に依拠しながら、五〇年代のアメリカ映画において「男らしい」主人公に四つのタイプがあったと論じる。ハンフリー・ボガートのような「タフガイ」、ジョン・ウェインのような「西部劇のヒーロー」といった従来型の「男らしい」主人公にくわえて、専門職/経営者の「グレイ・フランネルのスーツを着た男」が新たに登場したことは、戦後のアメリカが企業社会になったことを示し、他方でその企業社会から排除された、「自意識過剰のポーズ」をとり「だらしない服装」で「無学」である労働者階級の新たな「男らしさ」を表す役をモンゴメリー・クリフトやマーロン・ブランドが演じた、というコーハンの見立てはハリウッド映画全体を見渡したときには説得力があるものの、「男らしさ」と「みっともなさ」が同居するキールのペルソナはこのどれにも属さない。

【引用文献】

Altman, Rick. *The American Film Musical.* Indiana UP, 1987.

Benet, Stephen Vincent. *Thirteen O'Clock.* Farrar & Rinehart, 1937.

Cohan, Steven. "'Feminizing' the Song-and-Dance Man: Fred Astaire and the Spectacle of Masculinity in the Hollywood Musical." *Screening the Male: Exploring Masculinities in Hollywood Cinema,* edited by Steve Cohan and Ina Rae Hark, Routledge, 1993.

Cohan, Steven. *Masked Men: Masculinity and the Movies in the Fifties.* Indiana UP, 1997.

Dileo, John. *Screen Savers: 40 Remarkable Movies Awaiting Rediscovery.* Hansen Publishing Group, 2007.

Eisenhower, Dwight David. "Chance for Peace." Address Delivered Before the American Society of Newspaper Editors, Apr. 16, 1953. www.eisenhower.archives.gov/all_about_ike/speeches/chance_for_peace.pdf

Kessler, Kelly. *Destabilizing the Hollywood Musical: Music, Masculinity, and Mayhem.* Palgrave Macmillan, 2010.

Mordden, Ethan. *When Broadway Went to Hollywood.* Kindle ed., Oxford UP, 2016.

有賀貞「トルーマン・ドクトリン」、『原典アメリカ史　第六巻　現代アメリカと世界　一』アメリカ学会訳・編、岩波書店、一九八一年。

ケナン、ジョージ・F『アメリカ外交50年』近藤晋一・飯田藤次・有賀貞訳、岩波現代文庫、二〇〇〇年。

鈴木健人「ジョージ・ケナンと冷戦初期米国の核政策, 1945-1950」、『広島国際研究』第一号。

藤田文子「ダレスの大量報復論」、『原典アメリカ史　第六巻　現代アメリカと世界　一』。

プルタルコス『英雄伝』柳沼重剛訳、京都大学学術出版会、二〇〇七年。

マッカーシー、ジョセフ・R「マッカーシーのウェストバージニア州ホイーリングでの演説（一九五〇年二月九日）」古谷旬訳、『原典アメリカ史　第六巻　現代アメリカと世界　一』。

リーウィウス『ローマ建国史　上』鈴木一州訳、岩波文庫、二〇〇七年。

ルカーチ、ジョン『評伝　ジョージ・ケナン　対ソ「封じ込め」の提唱者』菅英輝訳、法政大学出版局、二〇一一年。

第二部　舞台から映画へ

第四章

Is *Oklahoma!* OK?

――『オクラホマ！』（一九四三／一九五五）における生政治《バイオポリティクス》

1　はじめに

一九三一年、シアター・ギルドの製作により上演されたローリー・リン・リグスの戯曲『ライラックは緑に萌え』（Green Grow the Lilacs）はブロードウェイで予定どおり六四回の公演を終えて閉幕した。一九四三年、シアター・ギルドはリグスの戯曲をもとにミュージカルを製作し、最終的に『オクラホマ！』と名づけられたその作品は、ブロードウェイのそれまでの連続公演記録を塗り替える二二一二回の大ヒット作となった。このミュージカルをほぼ忠実に再現した、フレッド・ジンネマン監督による映画『オクラホマ！』は一九五五年に二〇世紀フォックスによって製作され、以来人口に膾炙している。

本章ではまず、リグスの戯曲『ライラックは緑に萌え』と舞台版『オクラホマ！』を比較し、舞台版『オクラホマ！』が、リグスの戯曲にある種々の対立項を消去することで、単純だが、当時の観客の無意識の欲望を刺激する物語になったことを示したい。次に、映画版『オクラホマ！』をとりあげ、「アメリカ中西部の農場を舞台に、カウボーイと農家の娘との恋の三角関係を明るく陽気に描いたもの」（『月組公演ミュージカル『オクラホマ！』』）と一般に理解されているこのミュージカルに、暗く、グロテスクな面があることを明らかにする。映画版『オクラホマ！』は、製作された冷戦期アメリカの現実を反映して、自らの欲望を適切に管理抑制することが求められ、規範からの逸脱には相互監視の目が光る共同体の構成員たちの物語へと変貌している。一九五三年にオクラホマ州の州歌となった、この作品のプロダクション・ナンバー「オクラホマ!」は、登場人物たちが「俺たちはただこう言うだけだ、お前はよくやってるよ、オクラホマ! オクラホマ、オーケーだ」(“We're only sayin' You're doin' fine, Oklahoma! Oklahoma-O.K.”)と斉唱して終わる、明朗で美しい曲である。だがこの作品には脳天気に「オーケー」といえないぐらい、重苦しい雰囲気がまとわりついている。最後に、再び舞台版『オクラホマ!』に立ち戻り、共同体が個人の欲望を監視する生政治《バイオポリティクス》のメカニズムがすでに舞台版にも現れていたことを確認したい。

2　消去された対立軸――『ライラックは緑に萌え』から舞台版『オクラホマ!』へ

『オクラホマ!』は、一九四〇年代から五〇年代にかけてアメリカン・ミュージカルの黄金時代をもたらしたリチャード・ロジャースとオスカー・ハマースタイン二世の作曲家・作詞家コンビがはじめて組んだ作品だ。白人の父とチェロキー族の血が八分の一入った母との間に生まれた戯曲の原作者リグスは、自分が生まれ育ったインディアン・テリトリー(Indian Territory)(1)を舞台にした『ライラックは緑に萌え』を発表するにあたって、西部に古くから伝わる民謡《フォークソング》(日本でも有名な「峠の我が家」“Home on the Range”をはじめとする)を多数引用して音楽入りの劇に仕立てた。だがロジャースは

『オクラホマ！』においてこれらの曲を全く使わなかった。そのかわり彼はお得意の、一度聞けば決して忘れることのない印象的な旋律のナンバーを一四曲作り、この「地方色豊かな」ミュージカルを彩った。一九世紀末ごろよりアメリカ社会は急速に都市化が進み、空想の世界で美化された田舎への憧れを募らせていた。当時のワイルド・ウェスト・ショーの人気やカントリー・クラブの隆盛を見るとわかるように、人々が求めたのは土臭い「本当の西部」ではなく、都会人ロジャースの作り上げたフェイクの「アメリカ人の魂の故郷」だった(2)。

だが美しく覚えやすいメロディと、どこにもない地上の楽園の記号としての西部だけがこのミュージカルの国民的人気を決定づけたのではない。原作戯曲にはない四つの特徴によって、このミュージカルは時代の空気を見事に体現してみせた。それを現在の目から分析することは、当時の支配的イデオロギーを明らかにすることにつながっていくはずである。

第一に、このミュージカルは、性的欲望を抑圧する女性という、当時の俗流フロイト主義が散種したイメージを反復している。第一章で『気儘時代』を論じたときに見たように、アメリカ社会における俗流フロイト主義の流行とミュージカル映画の誕生が同じ一九二〇年代末から三〇年代初頭にかけてのことであったことはたんなる偶然ではなく、多くのミュージカル映画の物語構造には精神分析がもたらしたとされる（学術的には不正確なものを多く含む）知見が埋め込まれている。映画研究者フュアーは、主人公が劇中で夢を見るというミュージカル映画のお約束ごとの筋立てが、フロイトの「夢の作業」をもとにしていると指摘する（73）。だがこのミュージカル映画のお約束ごとはもともと舞台ミュージカルのものであり、『オクラホマ！』における「夢のバレエ」はその最初期の代表例としてしばしば挙げられる。

『ライラックは緑に萌え』の基本的な筋立ては、舞台版『オクラホマ!』のそれと変わらない。カウボーイのカーリー・マクレーンは農家の娘ローリー・ウィリアムズに好意を抱いており、ローリーもまた彼のことを憎からず思っているが、お互い素直になれないでいる。一方ローリーの農場で下働きをしている野卑なジーター・フライもローリーに思いを寄せる。だがパーティで自分の思いを一方的に訴えるジーターに恐怖を感じたローリーは、カーリーに助けを求め、二人は結婚する。嫉妬に狂ったジーターはカーリーを襲うが、争っているうちに誤ってナイフがジーターに刺さり、死んでしまう。

ミュージカル版『オクラホマ!』においても、ジーターはジャッド・フライと名前を変えているが、二人の男が一人の女をめぐって争う三角関係という構造は同一である。だが原作戯曲と違って、ローリーはジャッドに恐れだけでなく魅力を感じているように描かれている。なるほど、原作の台詞劇においてもローリーはジーターとパーティに行くことを約束するが、それは親がわりのエラおばさんとの会話で彼女がほのめかすように、ジーターの様子にただならぬ不穏な空気を感じて怯えていたからのようであり、最終的に彼女は友人のアド・アニーを誘って三人で行くことにする。

一方、ミュージカル版においてはカーリーが夢を見る場面が第一幕の終わりに導入される。当時のミュージカルで流行していたこともあって、台本を担当したハマースタインもまた、「夢のバレエ」を導入することを考えていたようだが、それをローリーの抑圧された性的願望の表れにしたのは振付のアグネス・ド・ミルだった (Carter 121-136)(3)。ローリーは旅回りの商人アリ・ハキムから買った「エジプトの霊薬」を嗅ぐと、眠りにつき、夢の場面となる。照明が落ちて、ローリーを演じていた女優は舞台袖に下がり、ローリー役のバレエダンサーが同じくこの場面だけのカーリー役のバレエダンサーと踊る。やがて二人の結婚式の場面になるが、花嫁姿のローリーのヴェールをとったのは、カーリーではなく、ゆっくりと歩いて登場したジャッド（彼も本篇とは別の俳優が演じる）だった。ショックを受けてローリーは逃げまどい、それをジャッドが追う。だがジャッドの手を逃れたはずのローリーが見たのは、ジャッドが扇情的な格好の踊り子たちを従えて立ちはだかる姿だった。タブロイド誌『ナショナル・ポリス・ガゼット』からジャッドが切り抜き、壁に貼っていた写真から抜け出てきた踊り子たちは、太ももを露わにしてフレンチカンカン風の曲に合わせて踊る。力なく崩れ落ちるローリーを無理矢理抱いて踊るジャッド。ようやくのことで逃げ出したローリーは荒野でカーリーとジャッドの決闘に立ち会う。ピストルの弾を体に受けてもびくともしないジャッドはカーリーを腕力でねじふせる。

一九七九年の再演を機に行われたインタビューにおいてド・ミルは初演時からこの場面を「わいせつな夢」（dirty dreams）として構想していたと語るが（Carter 123）、六〇年代性革命を経る前のアメリカ社会においてこのような直截な物言いができたとはとても思われないので、多少割り引いて考える必要があるだろう。またドナリー・ドックスのように、ローリーの夢はレイプで終わり、それは「レイプは女性が待ち望んでいるもの」という男性的イデオロギーを裏書きしていた、と解釈する（216）のも行き過ぎの感がしなくもない。とはいえ、この場面が当時の観客にとって十分に先鋭的な、それゆえに扇情的な表現であったことは想像に難くない。フロイトの精神分析という最新鋭のテクノロジーによって表現された、「女も欲望する」という観念に人々は劣情を刺激されたのだ。

ミュージカルの第二の特徴は、戦時にあってナショナリズムを高揚させるために建国神話をなぞり、相反する利害を抱えた党派による対立を乗り越えてアメリカ国民が誕生する、という物語を示唆したことである。原作戯曲にも牧畜民と農民との対立は描かれていたが、ハマースタインは多くの西部劇の主題ともなった土地をめぐる争い（range war）を『オクラホマ！』に導入して、いっそうドラマティックに仕立て上げた。たしかに、リグスの戯曲にも、農民の娘であるローリーと結婚するために、カーリーがカウボーイという職業を捨てて農場を相続することと、インディアン・テリトリーがオクラホマ州という「国」（state）になることを重ね合わせ、定住社会を基調とする農本主義国家の誕生を言祝ぐという方向性は示されている。だがその一方で、原作では、ミュージカルのように対立から統合へという単純な動きが強調されるのではなく、他の対立軸も示される。

その一つが、連邦主義と反連邦主義の対立だ。争っているうちにジーターが死んだためにカーリーは連邦裁判所執行官（federal marshal）に連行されるが脱獄し、ローリーと初夜を過ごすために戻ってくる。町の人々は彼を監獄に戻そうとやって来るのだが、エラおばさんは憤慨して以下のように言う。

エラおばさん　（厳しい口調で）わかったよ。あんたたちが私の言うことを聞けないのなら、私はすっぱり手を引く。あんたたちのことをいい隣人だと思ってた。今わかったよ、あんたたちは馬鹿ばっかりだね。花嫁から花婿を奪おうとするなんて！　連邦裁判所執行官に味方するんだから、私たちが合衆国に住んでいると思っているんだろう。おあいにく様、私たちはテリトリーの人間だよ。私たちは一緒につるむんだ。いや、つるむんじゃなくて、肩を寄せ合うんだ。何が合衆国だ？　私に言わせればそんなのはたんなるガイコクだよ。あんたたちは外国の味方なんだ！　あんたたちは一人残らず、いやらしい年寄りのガイコク人だよ！

(Riggs 103)

「自分たちはテリトリーの人間だ」「［合衆国は］自分にとってたんなるガイコク（furrin country）だ」「合衆国を支持するのはいやらしい年寄りのガイコク人（dirty ole furriners）だ」というエラおばさんの表明に、当時の人々の率直な気分を想像して描く以上の意味をリグスは持たせてはいなかったろう。それでも、西部開拓民が抱いていた気分としての反連邦主義はリアルであり、一九三一年の上演時にあちこちから聞こえていたはずの「大恐慌は連邦政府（フーバー政権）による失政だ」という人々の怨嗟に満ちた声と呼応して、強烈な印象を与えたことは間違いがない。

はたしてハマースタインはこの台詞をミュージカル化の際に削ってしまう。だがじつに巧妙なことに、この台詞の根底にある権威に対する不信までも拭い去るわけではない。総力戦体制下において、連邦政府への不信を表明することは危険思想だとみなされるだろうが、だからといって「お上のいうことを信じて黙ってついて行きましょう」というメッセージではアメリカ人に受けない。そこでハマースタインは連邦主義と反連邦主義の対立を、公権力と私権力との対立に置き換えた。ミュージカルにおいて、ジャッドを殺したカーリーは逮捕すらされない。連邦法執行官のコード・

エラムはカーリーが裁判所に出廷して自首すべきだと主張するが、エラおばさんの要求でローリーの家で裁判が開かれる。「裁判所の外で裁判を行うのは適切ではない」(Hammerstein 292) というエラムの弱々しい訴えは、裁判官のアンドリュー・カーンズがこの場にいるのだから問題ないという理由で斥けられる。正式な司法の手続きを経ないまま、正当防衛を主張するカーリーは無罪とされる。カーリーの主張を認める証人たちの声は多く聞かれるが、「被害者」であるジャッドの側に立つものが一人もおらず、抗議するエラムは「結婚式の晩に[カーリーを]監獄にぶち込むことは許さないぞ」(Hammerstein 293) というスキッドモアの脅しによって黙らされてしまう。この構図は開拓地における私刑の伝統を思い起こさせる。人々が正しいと信じる私的な掟を施行することによって公権力の権威はないがしろにされている。だが国家にとって、「正義の」戦争を遂行するにはこれで十分である。というよりむしろ、全体主義国家のように、国家による空虚なプロパガンダを国民が信じているふりをしているより、ファシストは民主主義の敵だという自分たちの正義感にもとづいて普段は不審の目で見ている国家に協力している、と人々が考えるように仕向けたほうがずっと戦争をやりやすかったはずだ。「下からの」国民統合とは草の根の保守主義を育むものであったことは合衆国の歴史がよく示しているとおりである。

原作における連邦主義と反連邦主義との対立は、いつの時代にも国論を二分する問題であるゆえ注目されやすく、たとえばカールなどが指摘しているとおりだが (251)[4]、ミュージカルにおいてそれが公権力とそれを圧倒する私権力との対立に置き換わっていることを指摘した研究は管見によればーつもない。問題系として浮かび上がってこないほど、開拓地における私権力の支配は当然のこととしてみなされていることなのだろうか。いずれにせよ、ハマースタインは公権力と私権力の対立という相対的に目立たない問題にすり替えることによって、連邦主義と反連邦主義という究極的には解決不可能な対立を戦時中において持ち出す危険を冒すことを避けられたばかりでなく、農民と牧畜民の対立という歴史的に解決が見られた問題に観客の関心を向けることに成功したのだった。

原作に示されていたにもかかわらず、ミュージカル化にあたって消されてしまった対立軸として重要なものがもう一つある。混血のアメリカか、ホワイト・アメリカか、という問題だ。白人の父とチェロキー族の血が八分の一入った母の間に生まれたリグスは、（本来的な意味での）人種のメルティング・ポットとしての開拓地という現実を描いたのに対し、ハマースタインは仲間の多くのユダヤ系舞台人と同様、反ユダヤ主義を喚起することをおそれるあまり白人の同化主義（誰もが白人になるという意味でのメルティング・ポット）に与して、人種－民族的混血という問題がそもそもないかのようにしてしまったことが、原作にはないミュージカルにおける第三の特徴である。

先ほど引用したエラおばさんの台詞を聞いて、町の人々は以下のように言う。

町の人々　（外で、ぼやいたり、抗議したりする）なあエラおばさん、俺たちは外国人じゃないぞ。おとんもおかんもインディアン・テリトリーで生まれてるよ！　インディアンの血をたっぷり引いてる！　俺もだ！　証明もできるぜ！（Riggs 103）

外国人ではないことの証拠として、彼らは「両親ともインディアン・テリトリーで生まれたこと」にくわえ、自分たちが「インディアンの血をたっぷり引いてる」ことを主張する。カールが指摘するように、準州の人々は混血であり、異人種間結婚が行われていた（269）。白人とネイティブ・アメリカンだけではない。初期入植者には元奴隷やその子孫である黒人もおり、ネイティブ・アメリカンと黒人の混血は、ブラック・インディアンとよばれ、独自の文化を築いていた。さらに、自らもチェロキー族であるウィーバーは、主人公カーリーのマクレインという姓はネイティブ・アメリカンのものであり、カーリーという名は巻き毛に由来するのだが、これは混血だからで、ネイティブ・アメリカンとしてはめずらしいからつけられたのだろうと推測し、ミズーリ出身の白人であるローリーとの結婚は異人種間結婚を意味していたのだと主張する（32-33）。

とはいえ、自身がゲイであることを喧伝してまわることがなかったのと同様、リグスはこの作品で混血や異人種間結婚をことさらセンセーショナルな問題として取り上げるわけではない。むしろリグスにとってそれは当たり前の現実であり、大騒ぎすることではなかったのだろう。それがゆえにハマースタインは――本当に気づかなかったのか、あるいはわかっていたから意図してなのかは判断できないが――ミュージカル化の際にこの台詞を削ったばかりではなく、人々がネイティブ・アメリカンの血が混ざっていることをどこにも示さない。そのことと実際の白人キャストたちとが相まって、『オクラホマ！』は白人開拓民たちの物語だという印象を与える。

アンドレア・モストは『アメリカ人の創生――ユダヤ人とブロードウェイ・ミュージカル』において、ブロードウェイのユダヤ系演劇人たちの同化主義を論じ、彼らがみずからユダヤ的表象を抑圧することでホワイト・アメリカという神話の創出に一役買ったと主張した（25）。『オクラホマ！』

では副筋として、原作戯曲では端役扱いであったアド・アニーが（原作には登場しない）恋人のカウボーイ、ウィル・パーカーと結婚するまでの騒動が付け加えられる。そしてリグスの原作ではシリア系の行商人というだけで名前がなかった役柄がペルシア人アリ・ハキムとして恋敵になり、主人公たちの三角関係と平行して、この三人の滑稽な恋のさや当てが演じられる。モストによれば、このハキムはユダヤ人の隠喩なのだという（108）。初演の際ハキムを演じたジョゼフ・バロフはユダヤ人で、明らかにユダヤ系だとわかる訛りで台詞を語っていたので、抗議の手紙が来たほどであった（Carter 199, Kirle 265）。さらにキャスティングの段階では、ユダヤ系最強ボードビリアン、グラウチョ・マークスが考えられていたというから、この読みは説得力を増す（Carter 56-58, Most 108）。モストの議論をもとにカールが発展させるように、おちゃらけた隠れユダヤ人としてのハキムの存在は、当時の反ユダヤ主義が喧伝するようなユダヤ人像を打ち消す作用を持っていただろう（Kirle 265）。

そしてモストは、原作のジーター同様、ジャッドをゲジゲジ眉毛の浅黒い肌としたのは、白人共同体から排除される黒人の隠喩だからだと主張する。カールはそのすべてであり、ジャッドは「他者性」の表象なのだという（Most 110, Kirle 262-263）。

とはいえ、このように登場人物を人種－民族的他者として読むことそのものが、リグスの意図には反している。あらゆる人種・民族が一つになる混血のアメリカにおいて、排除されるのは人種－民族的他者ではありえない。ハマースタインの同化主義の裏に非白人（とくにネイティブ・アメリカン）の排除が隠れていることを指摘することは重要だが、人種－民族的アイデンティティの対立がリグスの原作の駆動力になっていると考えるのは誤りである。

最後に、『オクラホマ!』という題名が隠蔽している歴史的・地理的事実を確認しよう。リグスの戯曲では、一九〇〇年のインディアン・テリトリーが舞台とされている。『オクラホマ!』では「インディアン・テリトリー、現在のオクラホマ」となっており、あたかもインディアン・テリトリーがそのままオクラホマ州に昇格したかのような印象を与える。だが、一九〇七年にオクラホマ州に昇格したのはインディアン・テリトリーではなく、一八九〇年に成立したオクラホマ・テリトリーである。

オクラホマ・テリトリーはもともと、チェロキー族らネイティブ・アメリカンが強制移住させられたインディアン・テリトリーの西側を、南北戦争後に連邦政府が割譲させたことから誕生した。当初連邦政府はこの土地へネイティブ・アメリカン以外が入植することを禁じていたが、白人植民者たちは無断侵入を重ねる一方、政府への陳情活動を行って、一八九九年には連邦政府入植を認めさせた。

こうして翌年オクラホマ・テリトリーが誕生するが、州への昇格への動きはインディアン・テリトリーが先んじていた。一九〇二年、五つの「文明化された部族」(Civilized Tribes)の代表が集まって以来話し合いが続けられ、一九〇五年にはセコイア州(State of Sequoyah)として独立をはかるべく憲法も起草して連邦議会に陳情した。当時の大統領セオドア・ローズヴェルトは、オクラホマ・セコイア連合州としてなら認めると言った。だが結局、一九〇七年に認められたのは、オクラホマ州であり、インディアン・テリトリーはオクラホマ・テリトリーに合併されるかたちで消滅した。

白人によって文字通り蹂躙された歴史を持つインディアン・テリトリーがオクラホマ州となったことにリグスは複雑な感情を抱いていたに違いない。舞台を一九〇〇年にしたのは、一九世紀最後の年という意味だろうが、一九〇七年のオクラホマ州誕生を言祝ぎつつ、一定の心理的距離を置きたかったからとも解釈できる。だがミュージカルではこのようなインディアン・テリトリーとオクラホマ・テリトリーという対立軸は見事に消去され、オクラホマ・テリトリーがオクラホマ州へと昇格するという単純な物語に書き換えられてしまう。

このことと、『オクラホマ!』がトライアウトの際『さあ行くぞ!』(*Away We Go!*)という題名で上演され、ブロードウェイ上演直前に付け加えられたナンバー「オクラホマ!」があまりにも評判がよいので改題されたことを合わせて考えれば、この作品が歴史的・社会的現実としてのオクラホマではなく、どこにも存在しない牧歌的ユートピアの記号としてのオクラホマを描くものだったことがわかるだろう。ハマースタインは原作の冒頭のト書きに霊感をうけて、「ゾウの目の高さほどに茂った」トウモロコシ畑の中をカーリーが馬に乗ってやってくるという有名なオープニングを構想した(Hammerstein 23)。だが映画の撮影をおこなってはじめて、オクラホマ州も、そして実際に撮影をおこなったアリゾナ州も、中西部のコーンベルトには属しておらず、大規模なトウモロコシ畑はないことを知るのだ。

3　映画版『オクラホマ！』における窃視の欲望と生政治《バイオポリティクス》の発動

舞台版『オクラホマ！』が（ミュージカル観客層の大半を占める）白人中産階級の無意識の欲望や人種的優越感を巧みに刺激し、リグスの原作に見られたような複雑な対立の構図を消去して、戦時中に求められていた国民統合の理想にふさわしい建国神話に作り替えられたものであることは以上に述べたとおりである。リグスの死から一年後、映画版『オクラホマ！』が製作される。この映画は一般に舞台にかなり忠実であるとされてきた。(5) だが映画化されるときに、欲望の適切な管理というきわめて五〇年代的主題が浮かび上がってくる。フーコーの生政治を持ち出すまでもなく、国家が個人の生殖を管理する時代において、再生産につながる性的欲望は肯定されるが、それ以外のものは抑圧される。

性的欲望を伴った視線は「覗き」というかたちで前景化される。「覗き」とは、満たされることのない一方的な主体の欲望である。それはすでに原作においてジーターが『ガゼット』誌の踊り子の写真を切り抜いて貼っている、というエピソードで示唆されていた。ミュージカル版においては、窃視の欲望（とその行き場のなさ）はよりはっきりと示されるだけでなく、そのような欲望の形態は罰せられるべきものであることが示される。その一つの例が、ウィル・パーカーが買ってきた「リトル・ワンダー」という万華鏡である。覗き込むとあられもない姿の女性の写真が見え、一回転させると今度は別の写真が見えるこの覗き筒にカウボーイたちは夢中になり、エラおばさんまでが「この女性は恥を知るべきだ」（Hammerstein 230）と言いつつも覗く。だが「リトル・ワンダー」は同時に飛び出しナイフを格納する鞘の役割もしている。ボタンを押すとバネ仕掛けで飛び出て、覗き込んでいた人間の胸元に刃先が刺さるのだ。実際、この後カーリーは、この「リトル・ワンダー」を手に入れたジャッドの口車に乗せられた覗き込もうとして危うく殺されそうになる。誰もがしたくなるほど覗きは魅力があるものだが、同時にそれは高い代償につくことがミュージカルでは示唆されるのだ。

映画版では誰かが誰かを覗き見する、という場面はさらに増えており、まるで窃視が主題の映画であるかのようだ。最初に見ておくべきなのは、ジャッドがローリーの部屋を覗く場面だろう（写真1）。パーティに一緒に行こうというカーリーの誘いを断ったものの、カーリーにたいする意地とジャッドへの恐れから本心に反したことをした自分に落胆しているローリーは、カーリーが馬に乗って去っていくのを自分の部屋で見送る。それから気を取り直して化粧台に座ると、化粧台の鏡には先ほどまでローリーを見送っていた窓が映っている。やがてローリーは何かをとるためなのか、身をかがめるのだが、このわずか五秒ほどの間に鏡に映っている窓からローリーの姿をうかがうジャッドが見える。ローリーはすぐに体を起こし、あわててジャッドは窓から離れるので、ローリーはジャッドが覗き見していたことに気づかない。

この直前に、ジャッドは観客の前にはじめて姿を現している。まず、エラおばさんと話しているカーリーの前に現れて挑戦的な態度をとり、次に家の中からローリーを伴って現れ、彼女をパーティに連れて行くとカーリーに宣言する。この二度の場面はいずれも数秒足らずの短いものであり、観客はジャッドが敵役であること以外はほとんど何もわからないから、次に登場する場面で覗き見

写真1　窓越しにローリーの姿を覗くジャッドが化粧台の鏡に映り込む。(00:16:07)

をしていることでジャッドの印象は決まってしまう。この後人から嫌われ、ローリーに振られ、みじめに死んでいくのは覗き見をするゆえだとすら思えてくる。

覗き見をして罰せられるのはジャッドだけではない。ローリーが木立に囲まれた川の中で水浴びする場面がある。カメラは最初に画面いっぱいに繁茂する木立を映し、それからゆっくり下に振れていくと、観客は茂みの隙間から川で泳ぐローリーを目にすることになる。徐々にカメラはローリーに近づいていくが、画面の四端には依然として木立が映っているので、観客はあたかも自分たちが茂みの隙間からローリーの水浴びを覗き見しているように感じる。さらにカメラは寄っていき、画面いっぱいに水の中で戯れるローリーが映し出される。突然、ローリーは顔をこちらに向け、覗き見をしていた観客を咎めるような目つきをする（写真2）。観客は思わず身をすくめるが、次の瞬間、アド・アニーとハキムが馬車に乗ってやってくるショットに切り替わり、ローリーの視線の先にあったのはこの二人であり、彼女が警戒したのは裸身を人に見られるからであることがわかる。だが観客は自分が覗き見をしていたことを罰せられたかのような印象を受ける。

この場面は原作にもミュージカル版にもないものであり、物語構成上の必然性もほとんどない。ローリー役のシャーリー・ジョーンズの裸身を見せることで観客の性的興味を惹くこと以外に目的が見いだせないが、それはまた、ローリーの非難の目つきを導入することになった。古典的ハリウッド映画においては、映画館という暗闇の中で映画を注視する観客の男性的な窃視の欲望が構造化されている、と論じたのはローラ・マルヴィーだが（6-18）、この映画では覗き見をする観客は罰せられるのだ。

このように窃視の欲望が罰せられるのは、それが子孫の存続にかかわる生殖に結びつかないからだろう。再生産につながる性的欲望はむしろ奨励される。冒頭で説明したローリーの夢のバレエが端的に示しているように、生権力を発動する国家が要請するのは、性欲を抑圧することではなく、解放することである。だがその解放は暴発であってはならず、つねに抑制が行き届いていなければならない。カーリーが主人公たり得るのは、欲望をコントロールでき、最終的に子孫をもうけることが示唆されているからだ。

銃が男性器を、射撃が射精を表すという俗流フロイト主義による夢解釈をリグスがどの程度意識していたか定かではないが、(6) すでに戯曲においてカーリーは射撃の名手として描かれていた。カーリーの挑発に怒ったジーターが銃を天井に向けて撃つ。カーリーは驚きもせず、「もう気分／気持ちが良くなったろう」（"You orta feel better now"）と言うが、発射したあとの快感への言及は、射撃が性行為の比喩であることをあらためて確認している、ともとれる。それからカーリーは壁の高いところにある節穴に弾丸を通してみせる（Riggs 51）。狙いどおり穴に弾丸を貫通させることは、受精に

写真2　裸身を「覗き見」する観客を、ローリーは非難の目つきで睨む。(00:25:45)

至る性交を暗示する。覗き見というかたちで一方的な欲望を相手に押しつけるか、あるいは暴発させることしかできないジャッドと、冷静で、我慢強く、国家が要請するようなかたちで性欲を適切に管理できるカーリーが対照的に描かれる。

ジャッドが欲望を抑えきれない男であることは、映画版ではじめて付け加えられた、ローリーとジャッドがパーティに行く途中で乗っている馬車の二頭の馬が暴走するという場面でも示唆される。ジャッドは自分が病気のときにローリーがやさしくしてくれたことを覚えていると話し、自分の想いを述べているうちに抑えきれなくなって彼女を抱きすくめる。ローリーは彼を突き飛ばして馬に鞭をあてる。驚いた馬はジャッドが落ち着かせようとするのもきかずに道を外れ、草原を迷走しているうちに、線路にやってくる。そこで猛烈な勢いで走ってくる汽車に出会い、しばらく並走するが、突然高くいななくいて止まる。なおも猛り狂う馬を鎮めようとジャッドは馬車を降りるが、その隙にローリーはジャッドを置いてきぼりにして馬車で去る。

二分強というこのシークエンスの異例の長さは、それが全体の物語に奉仕して何らかの意味を生産することに寄与するというよりも、それ単体だけで観客に映像的快楽をもたらすために撮影されたことを示しているようにも思える。たしかに、馬車に乗る二人の目線より低い位置にカメラを据えて、飛び去っていく草原だけをひたすら映し出すことによって、ジェットコースターに乗っているかのような疾走感を出している箇所などはその一つの証左だろう。だが、欲望の制御／暴走という主題にかかわる二項対立から考えれば、このシークエンスもまた物語全体を補強していると見たほうがよい。ジャッドと同様、馬はローリーからちょっとした刺激を受けると興奮し、行くあてもなく闇雲に走り回る。ジャッドと馬が同一視されていることがわかれば、汽車がカーリーの象徴であることも明らかである。汽車は馬と同じ方向に向かって同じようにエネルギッシュにばく進するが、馬と違って制御可能なのだから。馬が突然止まるのは、勢いよく、しかし同時に整然と走り続ける汽車に気圧されたかのようにも見える。このあとのボックス・ソーシャルの場面において二人はローリーを自分のものにしようと張り合うが、結局カーリーが「気合い勝ち」する、そのシークエンスを先取りしているともとれる。

4　個人の欲望を監視し、制御する共同体

最後に、このような生政治《バイオポリティクス》のメカニズムは、メディアの特性上窃視の欲望が前景化されやすい映画版にもっともよく表れているものの、舞台版においても描かれていることを確認しよう。とり

わけ、共同体が個人の欲望を監視《モニター》し、増幅させたり抑制したりして自由に操る、という主題はハマースタインがミュージカル化に際して持ち込んだものだった。

この主題が端的に表れているのはパーティの場面で、ハマースタインはミュージカルにあたって、たんにダンスが踊られるだけでなく、ボックス・ソーシャルが行われるという趣向を付け加えた。カーリーやジャッドらが参加するパーティの呼び物は、娘たちが作ってきたランチボックスを男たちが競り上げるという、伝統的なアメリカの行事のボックス・ソーシャルだった。最高値をつけた男はランチボックスとともに娘とデートする権利を得る。そこで娘の恋人である男はあらかじめ娘が作ったランチボックスがどんなものであるかを聞いておき、競りに出されたら自分が最高値をつけるまで競うのだ。

このボックス・ソーシャルは性が金銭を介在して取り扱われるという意味で売買春を連想させるかもしれないが、個人の欲望を増幅させる装置として共同体が重要な役割を果たすという意味では奴隷市の人身売買を参照したほうがよいだろう。衆人環視のもと、競り手は自らの欲望を公言し、欲望の対象を共有するライバルの存在を確認することで、ますます自分の欲望をつのらせていく。

カーリーとジャッドはローリーの作ったランチボックスを競り落とそうとする。この場面でジャッドは比較的冷静沈着である。それはあたかも社会が監視しているところではジャッドの欲望すら抑制できるというかのようだ。むしろ衝動的な振る舞いが目立つのはカーリーである。無一文に近いカーリーは、徐々に値を上げていくジャッドの言動に動揺し、鞍を売り、馬を売り、最後に大事にしていたピストルまでも売る。この直前の場面でローリーはカーリーにアイコンタクトで自分のランチボックスの在処を教えているから、お互いの愛情はすでに確かめられているはずなのだが、ジャッドの存在と人々の視線を意識して、カーリーはすっかり逆上してしまっている。だがそれが競りであるかぎり、欲望の膨張が金額の積み上げに換算できるかぎり、それは管理可能であり、決して暴走にはならない。競売人をつとめるエラおばさんのきわめて不公正な運営にも助けられて、カーリーはローリーのランチボックスを競り落とす。

リグスの原作戯曲では、パーティの最中にお互いの愛を確認したカーリーとローリーは、二人きりでいるところをほかの参加者に見つけられ、取り囲まれて歌を歌われる。すなわち、共同体による承認は二人の欲望の成就のあとに行われる。一方、ミュージカルにおいては欲望の発達の過程が共同体によって監視される。というよりも、人々の視線が欲望の進展を促す。「粋な噂を立てられて」(“People Will Say We're in Love”) というナンバーはそれを傍証している。第一幕第一場の最後で歌われるカーリーとローリーのデュエットによるこの曲は、「花束を投げないで」「私の冗談に笑いすぎないで」なぜなら私たちが愛しあっていると人々が誤解して噂するだろうから、とローリーが歌うと、カーリーもまた「あまり僕の魅力を褒め称えないでくれ」「あまり僕の腕をとらないでくれ」とお互いに“Don't”からはじまる歌詞を掛け合う (Hammerstein 251-2)。禁忌することでかえって高められる、欲望の倒錯した論理をうたっている点も重要だが、二人の愛が人の目を介在させることで確かめられるものであることも見逃せない。

したがって、ジャッドのような覗き見は罰せられても、欲望を監視するための覗きは認められる。新婚のカップルを共同体の男たちが騒がしくはやし立てるどんちゃんセレナーデ (shivaree) の儀式は、リグスの戯曲では結婚式を終えて帰宅し、初夜を迎えようとするローリーとカーリーたちを、男たちが無理矢理外に連れ出すことからはじまる。その際に男たちが窓越しに見たローリーの格好について報告することはあっても、それが覗きであるとは書かれない。だがミュージカルになると、一人の男が覗き、それを他の者たちに報告して笑う、というト書き（Hammerstein 289）のとおり、共同体による承認が監視の視線と結びついていることがはっきりと示される。

フーコーは『生政治の誕生』において、生政治は一八世紀以来の統治実践と結びついて生まれると述べているが、総力戦体制下と冷戦期という、合衆国がもっとも危機に晒され、強力なかたちの国民統合が求められた二つの時期に、個人の自由を法理の上では尊重しつつ、国家意思を実現させる方途として、生政治の手法がもっともあからさまに用いられたことは想像に難くない。そしてこれまで述べてきたことから、この二つの時期にそれぞれミュージカルとして舞台化され、映画になった『オクラホマ！』が、生政治のメカニズムを体現していることは明らかだろう。たとえ現在の私たちの目にそれがいかに暗く、グロテスクに映るとはいえ、当時の作り手や観客にとっては全く「自然」であり意識することのない「現実」として、生政治のメカニズムは作品の中に入り込んでいるのだ。

【註】

（1）リグスはIndian Territoryという表記を用い、『オクラホマ！』でもそれが踏襲されているが、正式名称は小文字を用いたIndian territoryとなる。大文字のTではじまるTerritoryが用いられるのは、いわゆるorganized territoryとして認められている土地に限られ、日本語では「準州」と訳される。Indian territoryは一八三四年のIndian Intercourse Actによって規定された概念であり、これに当てはまらない。にもかかわらず、リグスが自分の生まれ育った土地をIndian Territoryと表記したのは、一九〇七年にオクラホマ州に昇格したオクラホマ準州（Oklahoma Territory）への対抗意識があったからかもしれない。本章では、リグスの言葉遣いを尊重しつつ、記述としての正確さをはかるため、Indian territoryをインディアン・テリトリーと表記するとともに、Oklahoma Territoryをオクラホマ準州ではなく、オクラホマ・テリトリーと表記することにする。なお、Indian territoryはこれまで「インディアン居留地／保留地」と訳されることもあったが、これは一八七七年のGeneral Allotment Actや一九三四年のIndian Reorganization ActなどでIndian reservationという概念が用いられたからであり、歴史用語としてはいささか正確さを欠く。アメリカ史における二つのテリトリーの使い分けについては、故・中里明彦元成蹊大学文学部教授のご教示に負っている。感謝の意を表したい。

（2）ワイルド・ウェスト・ショーについてはレディンがもっとも網羅的で詳しい。カントリー・クラブについてはメイヨーのような研究書がある。

（3）カーターはここでさまざまな史料をもとに、ド・ミルが自伝やインタヴューで語ってきた、「夢のバレエ」は一から自分が作った、という陳述を批判的に継承している。

（4）ただしカールは、連邦主義と反連邦主義（＝州権主義）ではなく、「草の根の、一八九〇年代ポピュリズムが描いたスモールタウン・アメリカという理想」と、「ニューディールが考える多民族融合（assimilationist）社会」という、もっと時代的に限定された言葉遣いを用いて、第二次世界大戦期におけるアメリカの孤立主義者と干渉主義者、保守派とニューディーラーの対立の調停をハマースタインが目指した、と主張している。

（5）映画版ではハキムとコーラスが歌う"It's a Scandal! It's a Outrage!"と、ジャッドが歌う"Lonely Room"の二曲が削られているが、物語はほぼ忠実に再現している。カーターはニューヨーク・タイムズの映画批評家ボズリー・クラウザーの「［映画は］舞台に束縛されている（stage-binding chords）」という言葉を引用している（Carter 238）。

（6）リグスは後年アンケートに答えて『夢判断』をはじめとするフロイトの著作を読んだことを認め、「フロイトは私たちの文化の一部だ」と答えている（Sievers 307-308）。

【引用文献】

Carter, Tim. *Oklahoma!: The Making of an American Musical.* Yale UP, 2007.

Crowther, Bosley. "Oklahoma Arrives: Musical Aptly Shown on New Wide Screen." *The New York Times*, Oct 16. 1955.

Dox, Donnalee, "Constructions of Rape: Two American Musicals," *A Journal of Women Studies*, vol. 17, no. 3, 1996, pp. 210-238.

Feuer, Jane. *The Hollywood Musical*, 2nd ed., Indiana UP, 1993.

Hammerstein, Oscar II, and Richard Rogers. *Oklahoma!. American Musicals 1927-1949: The Complete Books & Lyrics of Eight Broadway Classics*, edited by Laurence Maslon, The Library of America, 2014.

Kirle, Bruce. "Reconciliation, Resolution, and the Political Role of *Oklahoma!* in American Consciousness." *Theatre Journal*, vol. 55, May 2003, pp. 251-274.

Mayo, James M. *The American Country Club: Its Origins and Development*. Kindle ed., Rutgers UP, 1998.

Most, Andrea. *Making Americans: Jews and the Broadway Musical*. Harvard UP, 2004.

Mulvey, Laura. "Visual Pleasure and Narrative Cinema." *Screen*, vol. 16, no. 3, Oct. 1975, pp. 6-18.

Reddin, Paul. *Wild West Show*. U of Illinois P, 1999.

Riggs, Lynn. *Green Grow the Lilacs. The Cherokee Night and Other Plays*. U of Oklahoma P, 2003.

Sievers, W. David. *Freud on Broadway: A History of Psychoanalysis and the American Drama*. Hermitage House, 1955.

Weaver, Jace. "Ethnic Cleansing, Homestyle," *Wicazo Sa Review*, vol. 10, no.1, Spring 1994, pp. 27-39.

「月組公演〃ミュージカル『オクラホマ!』」、宝塚歌劇団 http://kageki.hankyu.co.jp/revue/06/moon_nissei_oklahoma/index.html

第五章

象徴交換と死

――『南太平洋』（一九四九）における恋愛の不可能性

1　はじめに

『南太平洋』は、作曲家リチャード・ロジャースと作詞家オスカー・ハマースタイン二世のコンビによるアメリカン・ミュージカルで、一九四九年四月にブロードウェイ劇場で初演された。のちマジェスティック劇場に移され、一九五四年一月に閉幕したときの総上演回数は一九二五回に上った。

原作はジェイムズ・ミッチェナーによって書かれた『南太平洋物語』（*Tales of the South Pacific*）で、大手出版社マクミランの編集者だったミッチェナーが自らの従軍経験にもとづいて一九四六年にいくつかの雑誌や新聞に断続的に発表し、一九四七年にマクミランから出版したこの連作短編集はミュージカル制作中にピュリッツァー賞を受賞した。

『南太平洋物語』は、一九四二年五月八日の珊瑚海海戦直前から一九四四年初頭にかけて、現在はバヌアツとして独立しているニューヘブリディーズ諸島（一九八〇年まで英仏共同統治）の最大の島・エスピリトゥサントを主たる舞台としている。作品ごとに登場人物たちは異なるものの、島々に展開している合衆国の軍人、フランス人をはじめとする現地在住の白人、メラネシア人、ポリネシア人そしてトンキン人（仏領インドシナのうち、中国に国境を接する地方はトンキンと呼ばれた）たちによる、悲喜こもごもの逸話が語られる。

ミュージカル『南太平洋』では、一九の短編のうち「我らがヒロイン」(“Our Heroine”)および「四ドル」(“Fo’ Dolla’”)という二作品を軸にして、多岐にわたる小説の登場人物のうち、とくに二組のカップルの恋の行方を描く。フランス人農園主のエミール・ド・ベックと、アーカンサス州出身の看護士官、ネリー・フォーブッシュ合衆国海軍少尉。ジョゼフ・ケーブル合衆国海兵隊中尉とトンキン人の一七歳の少女リアット。いずれも異民族同士のカップルであり、彼らの恋愛の進展を遅延させる阻害因子となるのは、伝統的な喜劇《コメディ》によくありがちな恋のライバルの存在や親族の反対などではなく、アメリカ人二人の内なる人種差別意識だ。

第二幕第二場でケーブル中尉は、リアットの母親のブラディ・メリーから娘との結婚を迫られると、できないと返事をし、その後、第二幕第四場で、恋人との関係がどうなったかを尋ねるネリーに「僕はあの人を愛していたけれど、結婚できないと自分が言うのを耳にした。僕はどうしちゃったんだ」(137-138)(1)と答える。ネリーもまた、エミールに死に別れたポリネシア人の前妻がおり、二人の子供をもうけていることを知ったことから、同じ第二幕第四場でエミールに結婚できないと告げ、「自分でもどうしようもできないの。ちゃんとした理由があげられないみたい。ううん、理由なんてないの。感情的なもの、持って生まれたものなの」(139)と述べる。逃げるように立ち去るネリーを見送ったエミールが、「なぜ君達二人はこんな感情を持つんだ? 君たちがそんな感情を持って生まれついたとは信じられない」とケーブル中尉に噛みつくと、「生まれつきのものじゃない! それは生まれたあとに生じるものだ」(140)と答えて「注意深く教えられなければならない」（"You've Got to Be Carefully Taught"）のナンバーを歌う。

憎しみと恐れを教えられなければならない
毎年教えられなければならない
幼い耳に叩き込まれなければならない
注意深く教えられなければならない

怖がることを教えられなければならない
奇妙な形の目をしている人々や
肌の色がわずかに異なる人々のことを
注意深く教えられなければならない
手遅れになる前に教えられなければならない
六歳か七歳か八歳になる前に
自分と血の繋がった人たちが憎む人々を憎むことを
注意深く教えられなければならない
注意深く教えられなければならない（140-141）

異人種に対する嫌悪感は生得的なものでなく、教育によって植えつけられるものだ、というこのナンバーの主張は、ともにリベラルな中産階級のユダヤ人家庭に生まれ育ったロジャースとハマースタインにとって、この作品の中核をなすものだった。単独ではじめて作詞を担当した一九二七年初演の『ショウ・ボート』以来、ハマースタインが二〇年以上にわたって合衆国の人種差別を根絶しようと演劇界内外で様々な努力を行ってきたことをクリスティーナ・クラインは指摘している(180-186)。合衆国民の人種的不寛容の告発という、ミュージカルにしては「お堅い」主題を守り抜くために、ハマースタインがこのナンバーを含む箇所を何度も書き直してトーンを和らげたことを、ジム・ローヴェンスハイマーはその著書の一章を費やして検証している(82-107)。

したがって、「『南太平洋』はドラマの活力の大半を費やしてアメリカの人種差別主義を否定し、それを根絶させることができる唯一の力として愛を描く」(Klein 162)という評価は至極妥当なように思える。なるほど、ミッチェナーの原作小説が持っていた戦記物としての魅力は『南太平洋』ではほぼ感じられないが、ミュージカルにおいて何よりも重要な愛の成就が人種差別意識の克服とともに語られるのだから、大変結構な作品ではないか。

けれどもこの作品の結末はやや奇妙である。というのも、二組のカップルのうち、最終的にエミールとネリーは結ばれるものの、ケーブルとリアットはそうではないからだ。

先ほど紹介したように、エミールはネリーに求婚を拒絶された後、マリー・ルイーズ島へ上陸して同島を占領する敵軍の偵察を行いたいケーブルに対して、案内役として付き添うことを承諾する。日本軍に発見されれば命の保証はない危険な任務ゆえに、一度は断っていたエミールだったが、ケーブルが「もう失うものはそんなにないだろう」(143)と言って再考するように促すことがそのきっかけだった。マリー・ルイーズ島に潜入後、暗号無線で日本軍の動向を逐一報告していたエミールだが、第二幕第八場で、ケーブルが負傷のせいで死んだことを知らせてくる（157）。軍務に従事するため不意に姿を消したエミールの行方を尋ねるため、ネリーはたまたまその時司令部に押しかけていた。彼女はその声を聞いて安心するとともに、ケーブルの死を知って涙にくれる。ネリーはかつての自分の考えを改め、第二幕第一〇場で「大切なのはあなたと私が一緒にいることだけ」「それをあなたに告げるまで死なないで」（161）と独白する。第二幕最終場となる第一一場、主人の不在のエミールの家のテラスでネリーがエミールの二人の子供、ンガナとジェロームとともに「ねえ教えて」（“Dites moi”）を歌っていると、エミールが帰還し、それに唱和する。ネリーは驚きのあまり一瞬気を失うが、やがて意識を取り戻し、二人が手を取り合うところで幕が下りる。

　異なる民族同士のカップルといっても、エミールとネリーは同じ白人だが、ケーブルとリアットは人種も肌の色も異なる。ロジャース＆ハマースタインが『南太平洋』の次に手がけた『王様と私』（一九五一）では、家庭教師アンナとシャム王モンクットが関係を深めていくにも関わらず、史実より早くモンクットを死なせることで、異人種間結婚（miscegenation）という合衆国社会の最大のタブーを冒すことなく作品を終わらせることになった。『南太平洋』でも同様に、ケーブルが死ぬことで異人種間結婚という結末は避けられる。アメリカ国民の人種的偏見を打破することがこの作品の目的だったとするなら、なぜこのような中途半端な結末を採用したのだろうか。そもそも、原作の短編「四ドル」ではケーブルは戦死しない。北部に転戦するためリアットに別れを告げるとき、ケーブルは心痛のため何も言えなくなり（“Cable’s exhausted heart allowed him to say nothing”[2][224]）、リアットも泣くが、二人の身にそれ以上悲劇的なことは何も起こらない。原作の結末を大きく変えてケーブルを死なせるようにしたのは、反人種差別だけに止まらず一般に進歩的な思想の持ち主だった二人のユダヤ系の作り手たちですら、商業演劇ゆえの限界に抗しきれなかったからなのだろうか。

本章はそうではないと主張し、以下でその理由を説明する。なるほど、恋愛の成就としての結婚をその結末におく喜劇の構造がこの作品の根底にあると考えると、ケーブルの死はいかにも不適切で、異人種間結婚というタブーに触れないためのとってつけた結末である、と言える。だが、これから見ていくように、『南太平洋』における二組の男女の恋愛が最初から交換の比喩で語られていることに注目すれば、この作品でもっとも重要な「結末」とは、終わりなき象徴交換の連鎖が、ケーブルの死によって（いったん）終焉を迎えることだとわかる。よく知られているように、ボードリヤールは『象徴交換と死』において、貨幣経済における売買という交換形式が発明されるはるか前から、交換される「もの」に託された意味をやり取りする象徴交換が社会を組織していく原理として存在していたことをモース『贈与論』ら文化人類学の知見をもとに明らかにした。『南太平洋』においては、貨幣経済における等価交換の原則が破綻し、より「原始的」な、互酬性にもとづく象徴交換の世界へと退行していくことがまず描かれる。この象徴交換の原理に従い、リアットの純潔という金銭に換算することができない贈与に対する返礼として、ケーブルは自らの命を差し出しているのだ。

2 「交換」の失敗

ケーブルとリアットのカップルはその出会いから奇妙なものだった。第一幕第三場、ケーブルがこの島にやってきた時から「あんたとってもセクシーな男だね」(“You damn saxy man!” [42])と気に入っていたブラディ・メアリーが、第二幕第二場、バリ・ハイ島に上陸したケーブルを案内して娘に引き合わせることで二人は出会う。ブラディ・メアリーが欲しているのは無論金ではない。彼女はその場では自分の意図を明らかにしないが、のちに「リアットと結婚しなさい、ここでいい暮らしができる」(126)とケーブルに懇願する。ケーブルとリアットは利害や打算ずくの関係ではなく惹かれ合うが、ブラディ・メアリーにとって二人の結婚は恋愛の成就という以上に、彼女の商売である土産物の販売と同様、一種の取引である。だから彼女は「いいかい中尉さん、私はお金持ちだ」と戦争のおかげで六二〇〇ドルを貯めたことを告白し「このお金とリアットと全部あなたにあげる」(126)と持ちかけるのだ。

だがこの取引は最終的にケーブルが苦悶の表情を浮かべながら「メアリー、リアットと……結婚は……できない」(128)と答えることによって失敗する。ケーブルにとってもリアットとの交際は取引ないしは交換行為だった。それはケーブルが拒絶の返事をする前にリアットに祖父の形見の金時計を与えることから明らかだ。ケーブルによれば、それは父が第一次世界大戦時に肌身離さず身につけていた「幸運のお守り」(kind of lucky piece)である。それを聞いてリアットの目は「誇りで輝く」のだが、ケーブルが結婚できないと答えるのを聞いたメアリーはリアットの手から無理やり金

写真1　リアットの汚された純潔の対価として十分ではないというかのようにメアリーに金時計を叩き割られて呆然とするケーブル（1:48:08）

時計を奪うと地面に叩きつけて粉々にしてしまう（写真1）。一族に代々伝わる由緒ある品を渡すことは結婚の承諾を示す象徴的行為のようにリアットには思えたが、メアリーはそれが交際の代償のつもりで差し出されたと考えて怒る。もっと正確にいえば、リアットの汚された純潔の対価としてケーブルは金時計で十分だと考え、メアリーは結婚に値すると考えた結果、両者の取引は成立しないのだ。

二つの異なる価値体系に属するもの同士を交換するにあたって、釣り合いが取れないと（少なくとも）一方が考えることで交渉が決裂する。自分たちとは異なる共同体との接触において、致命的ともなりかねない失敗——殺傷や戦争に容易に導かれる過ち——と、それに対する恐怖が『南太平洋』という作品の根底を形作っている。陽光きらめく砂浜、視界いっぱいに広がる海、地平線にかかる月という南国の楽園は、そこにふさわしい原始共同体を模した社会で「素朴な」アメリカ人たちの恋愛を描いているような錯覚を与えるが、その設定はむしろ、原始共同体が直面していた他者との交通における諸問題を引き出すことになっている。『南太平洋』は冷戦下における合衆国の膨張主義を体現した作品であり、クラインが正しく主張するように、フランス人エミールと「アジア人」の二人の子供を受け入れるアメリカ人ネリーという幕切れの構図はそのまま第二次世界大戦後の世界における合衆国の立ち位置を示している（Klein 168）が、同時にその膨張主義によって引き起こされた数々の衝突という負の記憶を抱えている。そのことをもう少し詳しく見ていこう。

第一幕第一場、この作品最初のナンバーは作品の最後でも歌われるンガナとジェロームによる「ねえ教えて」だが、子供が話すような単純な内容とはいえ、全編フランス語で歌われるナンバーが冒頭で用いられ、その後の使用人アンリとの会話もフランス語でなされることで、たんに異国情緒を醸し出す以上の効果が生まれる。アメリカ人観客はいきなり異なる共同体の言語を耳にして相互の意思疎通の不可能さを、すなわち広義の交換の失敗という事態を自ら体験するのだ。三人が退場した後、エミールとネリーが現れて今度は英語で話し出すが、フランス人であるエミールの英語は当然訛りがあり、またネリーの出身地であるアーカンソー州リトル・ロックのことを「スモール・ロック」（11）と言い間違えたりするので、ここでも意思交換の失敗の可能性は常に見え隠れしている。

その後二人は打ち解けてそれぞれの思いを語るようになるが、まだ距離はある。二人は「魅惑の宵」を交互に歌うが、その歌い出しの内容はどちらも自分が相手に釣り合わない、というものだ。ネリーは「私たちは似ていない。私は多分あの人を退屈させてしまう。あの人は教養あるフランス人だけれど、私はたんなる田舎者」と歌い、エミールは「自分より若い男たち、将校や医者が彼女を狙うだろう。彼女は好きなように選べるだろう」(14)と二人の年の差を嘆く。最終的にはこのナンバーはエミールのソロになり、「魅惑の宵に愛せる人を見つけ、人いきれのする部屋の向こうから彼女が自分を呼んだような気がするのなら、彼女のそばに飛んでいき、彼女を自分のものにするのだ、でなければ一生夢を見て一人で過ごすことになる」(18)と交換の成功に賭けて交渉を継続することを高らかに宣言するのだが、自分が交換の対象として相手にふさわしくないために、交換が成立しないかもしれない、という不安が消えているわけではない。歌い終わってエミールは「私は君より年上だ。二人の間に子供ができたとしても、私が死ぬときに子供はまだ大きくなっていないだろう。君が望めば、その子たちをアメリカに連れて帰ることもできる。考えてみてくれ」(18)と懇願するが、ネリーは返事をしない。ネリーが軍務に戻るためにジープが待っているとアンリが知らせるので、慌てて帰り支度をし始めるからだ。そんなネリーを見て自分の交換条件を全て明らかにしなければフェアではないというかのように、エミールは過去に自分が殺人の罪を犯し、それゆえにフランスからこの島に逃げてきたことを告白する。

続く第二場は幕前芝居で、カーテンを下ろして第三場の舞台装置を準備している間に合衆国建設工兵隊(Construction Battalion, Seabee)をはじめとする軍人たちが「ブラディ・メアリー」("Bloody Mary")を歌い出すと、メアリー本人が登場し、通行人に現地の土産物として腰ミノを売りつけようとして逃げられる場面が演じられる。メアリーの商売を紹介しつつ、舞台転換の時間を稼ぐためだけの場面のようにも思えるけれども、じつはここではあるものと別のものが交換可能であることをほのめかすものの、結局はその交換が成り立たないことを示す、という筋立てが三度繰り返されている。

まず、「メアリーの肌は［大リーガーの］ディマジオのグローブの革と同じぐらい柔らかい」（"Her skin is tender as DiMaggio's glove"）という歌詞の、（文法的には崩れているとはいえ）原級比較が前提とするのは、人間の肌とグローブの革という本来比較の対象にすらならないものが、同等のものとして交換され得るという見立てである。だが言うまでもなく、この皮肉法が効果を発揮するのは、いくらメアリーの肌が硬くてもグローブの革と交換できるほどではない、という「現実」が同時に示されているからだ。その後、地の台詞のやり取りにおいてメアリーが四ドルで腰ミノを買わせることに失敗したのを経て、再び男たちが「ブラディ・メアリーはビンロウの実を噛んでいる」「［歯磨き粉のブランドである］ペプソデントを使わない」と歌うのは、歯磨きとしてビンロウの実とペプソデントは交換可能であるが、メアリー自身の意志によってその交換はなされないことを示す。

なるほど、ブラディ・メアリーは商人なので、日常的に交換に携わっている。しかも、彼女がケーブルに自分が貯めた六二〇〇ドルを差し出すことからわかるように、メアリーは過去数え切れぬほど取引に成功してきた交換の名手だ。にもかかわらず舞台において観客が目にするのは、メアリーがこうして交換に幾度も失敗する姿である。続く第三場でも、メアリーは五〇ドルで縮み首を海兵隊員に売りつけようとするが、それが本当の人間の首を干したものだと知ると彼は足早に立ち去る。これが三度目の「交換の失敗」である。

ところが次に観客が目撃する、建設工兵隊員のルーサー・ビリスとの交渉は異なる。ビリスはメアリーに自分たちが作った腰ミノを総額八〇ドルで買い取ることを提案するが、メアリーの付け値は一〇ドルで、それが不足なら買わないと強気の態度をとる。ビリスはなおも交渉を続けようとするが、途中でメアリーの持っているイノシシの牙から作った腕輪に魅せられてしまい、一〇〇ドルという法外な言い値にもかかわらずそれを買おうとする。土産物漁りに情熱を燃やすビリスの様子を見たメアリーは「腰ミノ全部とイノシシの牙の腕輪を交換してやろう」(31)と甘言を弄し、結局腰ミノだけでなく一〇〇ドルもビリスから巻き上げてしまう。

このようにメアリーはまんまとビリスを出し抜く、つまり交換を成功させるわけだが、観客はこの交換が不当だと感じる。すなわちビリスとの取引においても、交換されるものの価値は釣り合っていないのだ。交換が結果として成功するにせよ失敗するにせよ、この作品では不等価なものが交換されようとしている、という不愉快な印象を観客は持つことになる。

逆に、不等価な交換を早々に断念する態度は好感を持たれる。次に演じられる、ビリスや建設工兵隊員、水兵や海兵隊員たちのナンバー「お姐ちゃんほどいいものはない」("There is Nothing Like a Dame")では、「砂浜に照りつける日光もある／海を照らす月光もある／マンゴーもバナナもある」と自分たちが享受するものを羅列した後に「俺たちには何がないか」「俺たちが必要なのは掛け替えのないものだ」とビリスが歌うと、全員で

お姐ちゃんほどいいものはない
世界のどこにもない
お姐ちゃんほどいい、
名前を挙げられるものはない(36)

と女のいない不自由さを合唱する。彼らにとって女は「掛け替えのないもの」(“what there ain't no substitute for”)すなわち他のどんなものとも交換できないものである。だからこそ、たんなるコミック・ソングにすぎないように思えるこのナンバーは観客の心を掴む。「無理な」交換をするべきではないという観客の常識的判断は、異人種であるメアリーに対する漠然とした反感によって強化されていたが、白人のビリス(初演のマイロン・マコーミックや映画版のレイ・ウォルストンは白人だった)を始めとするアメリカ人同胞たちが、女の代わりに何か他のもので我慢することはできないと歌うと、観客は交換を敢えてしなかった彼らに拍手を送るのだ。

続く場面でケーブル中尉が登場すると再び交換の失敗が二回描かれる。まず、ケーブル中尉に一目惚れしたメアリーが、先ほど五〇ドルで売りつけようとした縮み首を「故郷シカゴのセクシーな恋人に送ってやりなさい」「私がタダであげるのが気にいるかい」と差し出すが、「いらない」とケーブルは断る。横で聞いていたビリスは「あんたは俺に何もタダでくれなかった」と文句をこぼし、メアリーによる交換の不当さを観客に再度印象付けるが、「あんたは中尉と違ってセクシーじゃない」といなされる(44)。次に、ビリスの同僚で、大学を出たという理由で「教授」と呼ばれている男が、名門プリンストン大学出身であることを渋々認めるケーブル中尉に向かってラテン語の単語をでたらめに並べてみせる。ケーブルは自分より階級がはるかに下の男に対してとくに気を利かせてわかるふりをするようなことはなく、「何を言っているかちっともわからないな」(50)という。このようにケーブルは交換を二回断ることによって、人種や組織上「格上」の人間は、不当な交換には容易に応じない、というこの作品の交換に関わる原則を打ち立てる。

この島で不等価交換に手を染めるのは、ブラディ・メアリーやビリスのような「身分の低い」人間たちであり、高位の人間はそれを取り締まる側に回る。そのことを如実に示すのが、次に登場する司令官のブラケット海軍大佐と副司令官ハービソン海軍中佐である。フランス人農園主たちから苦情が出たらしく、彼らはメアリーのところにやってきて次のように宣言する。

お前はこの島に経済革命を引き起こしつつある。フランス人農園主たちはココナツの実を集めるにも牛の乳搾りをするにも原住民を一人たりとも見つけることができないでいる。なぜならお前が一〇倍もの金を支払って馬鹿げた腰ミノ生産に従事させているからだ。(51)

ここでいう経済革命(“an economic revolution”)とは、原住民の時間あたりの労働単価という交換の比率を大きく変えたことであり、ブラケットたちはこのことを好ましからざることだと考えている。メアリーは司令官たちの権威を物ともせず「フランス人農園主たちはケチのろくでなしだ!」(51)と反発するので彼らはたじろぐものの、最終的には基地内での彼女の商売を禁じ、商品を並べていたキオスクを撤去させることで決着をつける。

軍務における規律を守るという建前のもと、自由主義経済下における価格競争であるメアリーの商行為までが禁ぜられる。この場面で表現されているのは、不等価なもの同士が交換されることに対する嫌悪というよりむしろ、ものの交換価値が変動してしまうことで、「本来」ならば釣り合わないものが交渉の過程で釣り合うものとして交換されてしまうことへの危機意識だ。ミッチェナーの原作では、メアリーの活動はフランクリン・D・ローズヴェルト政権の産業復興庁にたとえられており、「四ドル」の登場人物で、ミュージカルではビリスの役割に統合されてしまっている薬剤師アタブリン・ベニーは「ローズヴェルトは偉大な人間だ……だが確かにあの男は我が国の経済をめちゃくちゃにした（screwed up the economy of our country）ことは認めなくちゃいけない」（169）と語る。産業復興庁は破壊的な価格競争を排除して価格を統制しようとしたのだから、メアリーの経済活動とは正反対なのだが、原作小説でもミュージカルでも、交換比率を変えることで混乱を招くことが非難されていることがわかる。

けれどもこの作品では交換行為自体が忌避されているわけではない。身分の低い者たちの不当な取引を取り締まる一方で、将校たちは熱心に交換活動に取り組む。ケーブルはメアリーや「教授」との取引を断った後、ブラケットたちに自分の任務が「現地情報」（54）を手に入れることだと語り、エミール・ド・ベックを案内役としてマリー・ルイーズ島に潜入し、海岸から日本海軍の動向を探ることを提案する。ブラケットの「大した任務だな」（55）という台詞が示すのは、それが危険な任務であり、命を落とす危険性があることだ。ここでケーブルは自分の生命と引き換えに敵の情報を手に入れようとしている。主人公であるにもかかわらず、ジョーというファーストネームで呼ばれず、ケーブルという苗字で呼ばれるのは——男性軍人はビリスも含めみな苗字で呼ばれるとはいえ——交信・交流の比喩としての電話回線という意味を担わせたいからかもしれない。

司令官のブラケットもまた、「交換」への意欲を明らかにする。第一幕第五場で、ネリーがエミールに恋をしているとハービソンがケーブルに告げると、彼は「信じられません、中年の男だそうじゃないですか」と答える。それを聞いたブラケットは憤然と立ち上がり、「ケーブル！　君のような年齢と体力の若造が成熟した大人の男を過小評価するのはよくある間違いだ」「君には奇妙に思えるかもしれんが、若い女性はしばしば大人の男を魅力的に思うのだ。私自身五〇歳を超えて独身だが、自分が終わったなんて思ってもないぞ」（67）と言い放つ。なるほど、すぐ後の「ハービソンは笑いをこらえている」というト書きが示すように、このやり取りは男として「終わった」と思いたくない中年男の滑稽な言動を示すだけのようにも思えるが、恋愛という交換活動にブラケットが関心を持っていること、そしてネリーとエミールの結婚は若いケーブルが考えるほど不等価な交換ではないことをもまた表している。第五場の最後でハービソンは庶務係下士官に既婚女性の名前と住所を表に書いた箱を用意させ、彼が出て行った後に荷を開けて、明るい黄色の腰嚢が入っていることを確認する。こうして、ハービソンが「口だけ」ではなく実際に既婚女性と関係を持っていることが示されるわけだ。

交換／交易には乗り気だが、それが不等価／不均衡なものになるのではないかという不安を抱いて警戒する。この作品のほぼ前半にあたる部分に漂う「雰囲気」を言葉にすれば、そのようなものになる。先ほど引用したクラインが読み解くごとく、太平洋地域の軍事的安定という戦後の合衆国が担うことになる重責をこの作品が体現しているとすれば、世界のリーダーとして、各国・各民族と積極的に交渉をしていく必要を認識しつつ、自らが不利にならないようにしなければならないという合衆国国民が当時感じていた重圧はそのまま作品の雰囲気になっている、と言えそうだ。だがこれから見ていくように、作品後半ではこの雰囲気は変質し、交換そのものが別の意味を持つようになってくる。

3　象徴交換の結果としての死

すでに述べたように、『南太平洋』では二組のカップルの間に育まれる愛もまた、自分と相手とが釣り合っているか、「交換」として適切かどうか、という見地から語られる。ギリシア新喜劇以来の伝統に従って、大半のアメリカン・ミュージカルでは、恋愛の成就は結婚を意味するから、この作品では結婚が交換の一形態とみなされている、と言い換えてよさそうだ。結婚が個人間の情熱のやり取りの結果としてではなく、広く通用している交換規則にもとづき行われる社会的儀式として描かれている点で、『南太平洋』の世界は前近代社会である。近代社会に生きる個人が前近代的結婚観に縛られていても――たとえば当初エミールとネリーはお見合いで言うところの「釣書」にこだわっていたと言えるだろう――観客が不自然に思わないのは、もちろん、この作品の舞台が南太平洋の島々だからである。原住民の存在が言及されることはあっても舞台に姿を表すことはないこの作品において、ブラディ・メアリーやリアットも含め登場人物は皆文明社会からやってきた近代人なのだが、太古の自然環境がそのまま残されている（と観客に思わせる）南太平洋の島々では、レヴィ＝ストロースが『親族の基本構造』で説いたような、結婚を異なった親族集団間での女性の

写真2 「一文の価値もない」ビリスが六〇万ドルかけて救出されるという不等価交換の例が示される（2:17:48）

交換行為と捉える見方のほうがふさわしいように思えてしまう。

文化人類学者たちは、このような交換で交換されるのは、金銭的価値に還元されるようなものではなく、「威信」や「恭順」「信頼」のような、ものが象徴的に表す意味である、と説く。つまり、象徴交換で交換されるものは「カネにはかえられない」からこそ価値がある、というわけだ。これまで見てきた、この作品における交換価値体系は、あくまでも金銭に換算するから揺らいでいるように見えるのであって、この作品での交換が徐々に象徴交換的な性格を深めていく、と考えればそうではない。

交換価値が大きく変動することで近代的な貨幣経済そのものへの信頼が失われ、かわって前近代的な象徴交換が大きな意味を持つようになる。『南太平洋』におけるこの変化をよく表しているのは、第二幕第六場で語られるルーサー・ビリスが救助されるエピソードだ。退屈していたビリスは、ケーブルとエミールをマリー・ルイーズ島に届ける飛行機の貨物室にこっそりもぐりこむが、途中で日本軍の対空砲火を受けて胴体に穴が空いた飛行機から気圧のせいで吸い出され、パラシュートを使って着水する。救命用ゴムボートは落としたものの、本来の任務を遂行するためにビリスを救助できないケーブルとエミールを乗せた飛行艇に代わって、アメリカ海軍航空隊の総勢六二機はビリスの乗ったボートの上空を旋回し、敵の注意を惹きつける。そのために要した費用は、ハービソンによれば約六〇万ドルなのだが、それを聞いたビリスは恐縮するどころか顔を輝かせる。ブラケットになぜ喜ぶのだと聞かれてビリスは「俺の叔父貴が昔よく親父に言ってました。こいつは一文の価値もない奴(never be worth a dime)だとね」(151)と答える(写真2)。

その一方で、パイロットのアダムスは飛行機が蝟集してビリスの回りを飛び回っているさまは「九〇〇〇万ドルの巡洋艦を護衛しているようだった」(150-151)と報告しており、ビリスと飛行隊は一種の陽動作戦をやっていたのだ、なぜならそのせいで飛行艇はエミールとケーブルをこっそり岩陰に置いていくことができたからだ、と主張する。怒るに怒れないブラケットは「こいつに青銅星章をやればいいのか」(152)と叫び、結局ビリスは無罪放免となる。

言うまでもなく、人間の生命は何にも代えがたい。たんなる建設工兵隊員のビリスといえども、「一文の価値もない」と叔父に言われるような人間だといっても、いったんその生命が危機に晒されたら、六〇万ドルをかけてでも救出しなければならない。しかも、経済的見地からは「釣り合わない」交換だと思われたビリスの救出は、最終的にこの戦域における米軍の勝利という金銭には代えられないような価値をもたらす。明らかにここで、貨幣経済における交換活動は意義を失い、かわって呪術的ともいえる象徴交換の効力が前面に打ち出されるようになってくる。ルーサー・ビリスの救出にどれだけの費用がかかり、どれだけの人命的損失が予想されたとしても、米軍が勝利し、合衆国が体現する自由と民主主義の価値が守られたからだ。

リアットもまた最初から貨幣経済を超越した存在だ。彼女が最初に登場するのは第一幕第一〇場で、中盤に差し掛かってのことだが、ケーブルは彼女を見た途端に心を奪われる。二人が肉体関係を持ったことを示唆する暗転が終わると船のベルが遠くで聞こえ、帰らないでくれと目で懇願するリアットに向かってケーブルは「春よりも若く」（"Younger Than Springtime"）を歌う。

君は春よりも若く
星の煌めきより柔らかい
君のやさしい口づけは六月の風より暖かい
君は笑いより楽しく
音楽より甘い
君は僕にとって天使で恋人で、天国で地上だ（100）

「ブラディ・メアリー」やこのナンバーなど、『南太平洋』には比較表現を用いた歌詞が多く、交換またはその不可能性を観客は常に意識することになるが、ここではとくにリアットが「春よりも若く」「星の煌めきより柔らかい」「笑いより楽しく」「音楽より甘い」と歌われることで、人間と比較対象に本来ならないはずの抽象概念とリアットとが比較され、彼女が象徴交換の対象であることがはっきり示される。現代において原始生活を営む部族を調査した人類学者たちが発見したように、『南太平洋』で若い女性は贈答品なのだ。その価値を単純に金銭に換算することはできないが、女性が担う象徴的意味はつねに別の意味と交換されることになる。女性自身が個人としての意思を持っているかどうかはこの象徴交換において重要ではない。自らの意思で行動しているネリーもまた、第一幕第七場のナンバー「素敵な人」("A Wonderful Guy")において、比較表現を用いることによって自分の交換価値について――さらに自分の価値とは不釣り合いな交換がなされそうであることについて――言及している。

私は八月のカンサスと同じぐらい無骨で
ブルーベリー・パイと同じぐらい平凡で
頭はよいが勇気のない小さな女の子と変わらないけれど
素敵な人を見つけた (88)

このように考えてくると、先ほど紹介した、ケーブルがリアットに与えようとした祖父の形見の金時計をメアリーが叩き壊してしまう、という第二幕第二場での交換行為の失敗もたんに不等価なもの同士が交換されようとしたからではないことに気づく。リアットの純潔はケーブルの金時計の貨幣的価値に見合うものではないとメアリーが判断したゆえにこの交換は中止されるわけだが、ケーブルの金時計は「ただの」金時計ではなく、ケーブルの祖父や父を戦死から守ってくれた護符だった。金時計が壊れて、そこに込められた象徴的意義は失われてしまい、もはや護符としての働きをなさなくなる、という呪術的信仰が有効であることを示すかのように、ケーブルはこの後戦死する。

リアットは純潔を差し出す、というかたちで贈与を行なった。ケーブルは贈られたものが金銭に換算することができないことを、あるいは金時計の持つ「霊力」と交換できるものではないことをメアリーが金時計を叩きつけて壊す、という行為で知った。ケーブルは一度は結婚できないと口にするが、第二幕第四場で「注意深く教えられなければならない」を歌った後、「ベック、君の考えは正しい。島（an island）に生きる。そうだ、僕は生きて帰ってきたとしても、あそこ（there）には戻らない。ここ（here）に来る。僕が関心を持つのはただここだけだ。他のことはどうでもいい」(141) と宣言する。したがってケーブルは死のうと思って任務に就くわけではなく、リアットと結婚しようと思い直したように見える。

だがどうしてここでケーブルはこのように漠然とした物言いをするのだろうか。「島」は不定冠詞を伴っているので、エスピリトゥサントやマリー・ルイーズなどの特定の島を指しているわけではなさそうだし、「ここ」「あそこ」という表現も曖昧だ。そして何よりも彼はリアットとの結婚に言及しない。

「ここ」という表現は「バリ・ハイ」（"Bali Ha'i"）というナンバーで用いられていた。ケーブルはこの島でリアットと出会ったのだが、そのきっかけはバリ・ハイ島で行われるイノシシを屠る儀式に参加して、イノシシの牙から作る腕輪を手に入れたいビリスが、将校の帯同がないとバリ・ハイ島まで行くボートが出せないからと言って、ケーブルを説き伏せたからだった。バリ・ハイ島にはフランス人入植者の子女がたくさんいるから、アメリカ軍兵士は上陸が禁じられている、だが将校は別だ、とさりげなく性的接触の可能性を匂わせるビリスの要請をケーブルは二度断る。だがエミールがマリー・ルイーズ島への同道を断ったことで待機せざるを得なくなったケーブルは、ハービソンが「二、三日休暇をとってくつろげ」（"take a couple of days off and unwind"（93））と言ったのを機に考えを変えてバリ・ハイ島に行くことにする。

イノシシの牙を抜く原住民の儀式やフランス人植民者の子女など、バリ・ハイ島は異国情緒をもっとも感じさせる島となっている。その神秘性をいっそう強調するのが「バリ・ハイ」だ。

バリ・ハイは囁く
海風に乗せて
ここよ私は、あなたの特別な島は！
私のところに来て、来て（46）

バリ・ハイは「女性」であり、男性に向かって呼びかけている。この歌詞をメアリーが口にするのは第二幕第三場の、ケーブルがこの島にやって来た後であり、ケーブル自身、このナンバーをこの後二度口ずさむから、リアットとの甘美な記憶と島の神秘的雰囲気がケーブルのなかで結びついてバリ・ハイが彼の「特別な島」となっていることは観客に伝わっている。

バリ・ハイはまた現実とは別の夢すなわち幻想である。メアリーによるこのナンバーの歌い出しは以下のようなものだ。

多くの人たちは孤独な島に住んでいる
霧の多い海の真ん中で途方に暮れて
多くの人たちは別の島を望んでいる
そこは自分が望む姿でいられるとわかっている場所 (45)

もしケーブルが口にする「ここ」が、バリ・ハイ島のことだとしたら、「あそこ」とは人種差別を幼い頃から教え込まれるアメリカ社会のことではなく、「現実」のことではないのか。彼が関心のある「ここ」とは夢や幻想であり、リアットと結婚して南太平洋の島に住む、という現実的な選択のことではないのではないか。

ケーブルは死ぬことを選んだわけではないが、現実社会に戻ることを拒否した。あるいは、生命を賭した任務に就くことによって彼は象徴交換の世界を選んだ、と言ってもいいだろう。リアットからの贈与を受けてケーブルは死を返礼としたのだ。

象徴交換の結果としての死。貨幣経済社会において交換が (理論上) 無限に続いていくのとは対照的に、象徴交換における死は交換の連鎖を (少なくともいったんは) 終わらせる。人間の生命は何にも代えがたいものであるという厳粛な事実が私たちに交換の無益さ・無意味さを教えるからだ。

したがってケーブルの死は一方ではアジア人少女の純潔（さらにいえば無垢）を奪った代償として支払われているのだが、他方ではアジア人との交渉を終わらせることを示唆している。アジア人との交渉（とりわけ経済的取引）をこれから長期にわたって続けていかなければならないという現実と、もうこれ以上不等価な取引にならないかと心を煩わせないためにも交渉を終わらせたいという幻想とに引き裂かれた当時のアメリカ人の心性を『南太平洋』はよく表している。

【註】

（1）*South Pacific* の台本は一九四九年にランダムハウス社から刊行されて以来、いくつかの版がある。最近では *The Library of America* が二〇一四年に発行した二巻本の *American Musicals: The Complete Books and Lyrics of 16 Broadway Classics, 1927-1969* にも収録された。それぞれの版で大きな異同はないが、本章の引用はもっとも新しい以下の Applause 版を用いてページ数のみを括弧書きで示した。Hammerstein II, Oscar, Joshua Logan and Oscar Hammerstein. *South Pacific: The Complete Book and Lyrics of the Broadway Musical.* Applause Theatre & Cinema, 2014.

（2）連作短編集 *Tales of the South Pacific* も一九四七年のマクミラン社版以降なんども版を重ねてきている。本稿で引用したのは以下の版で、ページ数のみを括弧書きで示した。Michener, James. A. *Tales of the South Pacific.* Random House, 1984.

【引用文献】

Klein, Christina. *Cold War Orientalism: Asia in the Middlebrow Imagination, 1945-1961.* U of California P, 2003.
Lovensheimer, Jim. *South Pacific: Paradise Rewritten*, Oxford UP, 2010.

第六章

報われない「労働」

――『マイ・フェア・レディ』における二種類の感情表現様式の切り替え

1　はじめに

『マイ・フェア・レディ』はアラン・ジェイ・ラーナー作詞・脚本、フレドリック・ロウ作曲のミュージカルで、一九五六年三月一五日にマーク・ヘリンガー劇場で初演され、その後ブロードハースト劇場、ブロードウェイ劇場と劇場を変えるものの、約七年半というロングランになり、一九六二年九月二九日に閉幕するまでに上演回数二七一七回を数えた。この上演回数は当時としては最長で、その後一九六四年一月一六日に初演された『ハロー、ドーリー!』が約七年弱かけて上演回数二八四四回を記録するまで一〇年近く破られなかった。一九六四年一〇月には、ジョージ・キューカー監督による映画版が公開された。ジュリー・アンドリュースにかわって、新たにオゥドリー・ヘッバーンがイライザを演じたが、ヒギンズ教授は舞台版同様レックス・ハリスンが演じた。映画は合衆国内だけで七二〇〇万ドルを売り上げて、これも大ヒット作となった。

ジョージ・バーナード・ショーの戯曲『ピグマリオン』(一九一三)が原作ということもあって、『マイ・フェア・レディ』は当時のヒット・ミュージカルとしてはいくつかの点で型破りなものだった。饒舌な登場人物たちの台詞を原作からほとんど変更せずに、少々カットをするだけでそのまま音楽にのせたこと。舞台初演時、主役であるアンドリュースとハリスンをはじめとして登場人物六人のうち五人がイギリス人俳優だったこと。ハリスンは本来歌もダンスもできなかったにもかかわらず、ヒギンズ教授の役は本格的な歌やダンスが必要なものだったこと。ヒギンズは原作通りに、自己愛の強い、他人の気持ちを推し量ることのできない中年男性で、およそ恋愛向きでないにもかかわらず、イライザとの恋に落ち、しかも（示唆にとどまるものの）その恋愛は成就すること。副筋として二組目のカップルが登場するという慣習が採用されなかったこと。

このようなミュージカルらしくない作品が生まれるまで、少なからぬ人々が『ピグマリオン』をミュージカルにしようと考えてきた。リチャード・ロジャースとオスカー・ハマースタイン二世のコンビが試みたものの断念したことは有名な逸話だが、ドミニク・マクヒューによれば、アーヴィング・バーリン、フランク・ロッサーやコール・ポーターまでもが一度は打診され、その可能性を考えたという。だが「［イギリス］英語」の歌詞を書く困難さを予測して断ったポーターをはじめ、ミュージカル史にその名を残すこれらの作詞家・作曲家は、結局『ピグマリオン』のミュージカル化に真剣に取り組むことはなかった。

ラーナーとロウもまた、『ブリガドーン』（一九四七）で大成功し『ペンチャー・ワゴン』（一九五一）で失敗したあと、一九五二年から三年にかけて、一度ミュージカル化を試みて放棄していた。数年後二度目の試みをするにあたって彼らがしたことは、原作戯曲だけでなく、ガブリエル・パスカルが製作した（台詞劇の）映画『ピグマリオン』（一九三八）に依拠することだった。後に詳述することになるが、いったんヒギンズのもとを去ったイライザが戻ってくる、という原作から大きく変えられた『マイ・フェア・レディ』の結末は、この映画にならったものだ。また、いわゆる「客間喜劇」である原作戯曲では、客間で全ての会話と事件が起きるのに対し、『マイ・フェア・レディ』では、パスカルによる映画版の設定を借りて、原作ではその様子が語られるだけであった戸外の場面を舞台で見せる。ロイヤル・オペラ・ハウスから観客たちが出てくる幕開きの場面、イライザが「特訓」の成果を見せる大使館での舞踏会の場面、そして傷心のイライザがかつての同僚だったコヴェント・ガーデンの花売り娘たちを訪れる場面は、「地味な」ショーの原作戯曲を少しでも魅力的なものにしようとしたパスカルの工夫をラーナーとロウが受け継いだものだ。

それでも、多少原作を変更した「文芸映画」を踏襲したからといって、ブロードウェイの観客がこぞって『マイ・フェア・レディ』に足を運ぶようになったとは考えにくい。アメリカン・ミュージカルが備えるべきいくつかの条件として後年レナード・バーンスタインが掲げたもののうち、「自然なアメリカ人の話し方」(natural American speech)(183)がまるで聞こえないこの作品が――すでに合衆国で映画スターとして人気を得ていたヘッバーンを主演にした映画版はともかく――かくも華々しき成功を収めたのだろうか。

2 「見せ消ち」にされる労働表象

もっとも頻繁にされてきた説明は、この物語がシンデレラ・ストーリーだからだ、というものだ。『マイ・フェア・レディ』は、ブロードウェイ初演以前、試演段階の批評ですでに『シンデレラ』

と結びつけられていた。レイモンド・ナップやスチュワート・ヘクトのような現代の研究者・批評家たちも、シンデレラとイライザの類似点・相違点について延々と自説を述べるものの、結局この作品がシンデレラ・ストーリーである、という大前提を覆すことはできていない。それはヘクトが端的に示すように、イライザは外見と振る舞いかたを変えることで社会的地位を向上させている、と考えるからだろう。なるほど、新たに付け加えられたアスコット競馬場のクラブテント内（第一幕第七場）の場面で、イライザは「上品な装い」で登場し「はっきりと人目を引く美しさという印象」（211）を与える。第九場、大使館での舞踏会で階段の踊り場に立ったイライザは「絶世の美人」（218）と記される。いずれも、彼女の変身を視覚的に鮮やかに印象づけるものだ。

この変身を奇跡に例えるこのような見方が見落としているのは、イライザは魔法使いの魔法によってある日突然貴婦人に変身したのではなく、ひたすら発音練習に励む（"Drilling is what she needs" [196]）ことによって少しずつ貴婦人になっていった、という事実である。むしろ、『マイ・フェア・レディ』が合衆国で成功したのは、「無一文から金持ちへ」（rags to riches）という、この国で愛されてきた原型的物語に合致しているからだと考えることはできないだろうか。ホレイショー・アルジャーによる『ぼろ着のディック』（一八六七）、そしてアルジャーがその後三〇年間にわたって書き続けた同工異曲の一三〇編以上の作品は、当時ベストセラーとなった。「家柄も学歴もない貧しい少年も、勤勉に働き、節約に心がけさせすれば、その努力はやがて報われ、経済的に成功し、豊かな生活が保証される」というアメリカの夢を「アメリカの若者たちに決定的に印象づけた」のはホレイショー・アルジャーだと、『ぼろ着のディック』解説で渡辺利雄は述べている（二二八）。

じつは『マイ・フェア・レディ』において、イライザの勤勉さは原作戯曲以上に前景化されている。というのも、原作にはない、コックニー訛りのイライザが上流階級の英語を学ぶ「レッスン・シーン」が付け加えられているからだ（第一幕第五場）。場所はヒギンズの書斎で、イライザがHの音を落とさず発音するためにろうそくを吹き消すことができるようになると暗転、おはじきを口いっぱいに含んで正しい発音を学ぼうとするが、おはじきを飲み込んでしまい、暗転、と、スケッチ風の短い場面が暗転の連続で示される。この間ずっと、召使たちが「かわいそうなヒギンズ教授」（"Poor Professor Higgins!"）を歌い、「夜も昼も奴隷のようにあくせく働く」（slave away）のような歌詞で、イライザに発音指導するヒギンズが深夜までの長時間労働に従事することに同情する。だがもちろん、（後で詳しく論じるように）『マイ・フェア・レディ』の多くの他の楽曲と同様、このナンバーは登場人物の感情を正しく伝えていない。召使たちの真の同情の対象は、ヒギンズの過酷なシゴキを受けているイライザにある。この場面の冒頭でピアース夫人が「こんなふうにこの娘を働かせておくわけにはいかない」（191）と述べるように、「奴隷のようにあくせく働く」のはヒギンズではなく、イライザであることはどの観客にもわかっている。

モーデンはこの場面に注目して、原作でショーが省いてしまった「プロセス」を描くものである、と述べている（映画版でも同様の趣向で訓練風景が映されるが、短いシークエンスをオーヴァーラップ気味につなげていくので、時間の経過はあまり感じられない）。とはいえ、ラーナーが物語に「ちょっとしたリアリズム」（some naturalism）を与え、ヒギンズが暴君で理想主義者であること、イライザが眠れる姫であることを示すためにこのような変更を施した、とモーデンが片付けてしまうのは首肯できない。

この場面はたしかにそうしたことも示してはいるが、それだけでなく、イライザの主体的で継続的な努力を観客に強烈に印象づける。イライザがきちんとした英語を話せるようになるという目標のためにいかに骨を折ったかを描くこの過程が、『ぼろ着のディック』とこの物語とを接続する。ぼろ着のディック同様、彼女は勤勉な労働によってアメリカン・ドリームを実現することになったのだ。

ところが、先行研究において原型的物語としての「無一文から金持ちへ」が、『マイ・フェア・レディ』と結びつけて語られることはほとんどない。『ブロードウェイ・ミュージカルのアメリカのシンデレラたち』において、マヤ・キャントゥーが『マイ・フェア・レディ』と『ぼろ着のディック』の関係に言及しているのが目立つ程度だ。だがこの論考は、その題名が示すように、『シンデレラ』の物語の系譜に『マイ・フェア・レディ』を位置づけるというごくありきたりのもので、『ぼろ着のディック』の主人公たちのようにその勤勉な労働が評価されて社会的上昇を遂げる物語として『マイ・フェア・レディ』を捉えているわけではない。『ぼろ着のディック』の結末でディックがリチャード・ハンター氏に変貌を遂げるきっかけとなったのが新しいスーツだったのと同様、『マイ・フェア・レディ』における変身は（ショーの原作が示しているように）言語ではなく、イライザが着るものによって成し遂げられると主張するから、結局『ぼろ着のディック』を『シンデレラ』と同一視することによって『マイ・フェア・レディ』と対比していることになる。

さらに、シンデレラ・ストーリーとはさしたる主体的努力をしていないにもかかわらず、外部の力によって富と地位を突然与えられる物語のことだと考えると、イライザの父アルフレッド・

ドゥーリトルの身に起きることも一種のシンデレラ・ストーリーであると言える。「何もしない」(do little) を含意する名字を持つこの労働者階級のゴミ収集人は、第一幕第二場で、酒場の飲み仲間と「少々幸運であれば、働かなくてすむ」(With a bit of luck/ You'll never work!) と歌い、労働の忌避を高らかに宣言する。だがその弁舌に感心したヒギンズが、アメリカの富豪ウォリングフォードに「英国一独創的な人生の達人」だと気まぐれでドゥーリトルを推薦したことから、彼は富豪の死後、四〇〇〇ポンドの年金が託され、「中産階級の道徳」の手中に押し込まれて、長年連れ添っていた内縁の妻とも正式に結婚することになってしまう。このように、働くことを嫌がるドゥーリトルが棚からぼたもち式に金持ちになる経緯と、イライザが美しく身を飾って貴婦人だとみなされる経緯は、ともにイライザの労働の意義を消し去ることに貢献している。

しかしながら、イライザ本人は自らの労働に誇りを持ち、彼女の働きが忘れ去られることに抗議している。第二幕冒頭のナンバー「でかしたぞ」は、夜中の三時、大使館での舞踏会が成功裡に終わりヒギンズ邸に引き揚げてきたヒギンズとピッカリングが、お互いの健闘をたたえ、さらに従僕や使用人たちが「うまくやり遂げましたね」「おめでとうございました」と口を揃えて褒めそやす内容だ。その間、疲れた表情で部屋の隅にずっと立っていたイライザは、ナンバーが終わってヒギンズが「私のスリッパはどうした」と尋ねるのをきっかけに怒りを爆発させ、スリッパを投げつける。突然のイライザの感情の爆発の理由を、多くの評者はイライザが無視され傷つけられたからと単純に片付けている (たとえば Miller 184; Swain 204) が、これはその後数ページにわたるイライザとヒギンズの口論の内容を精査せず、その冒頭でイライザが吐き捨てるように言う台詞「あなたは私のことを気にしない。私にはわかっている。私が死のうが気にしないだろう。スリッパと同様、私はあなたにとって何者でもない」(227)だけに注目しているからのように思える。

イライザがヒギンズとの長い口論で何度か口にするのは「自分はどうなってしまうのか」(What's to become of me?)である。やがてイライザは自分の将来に不安を持っていると気づいたヒギンズは「結婚できるかもしれないぞ」(228)「うちの母がまともそうな男を見つけてくれるんじゃないか」(229)と慰めるように言う。ところが、イライザはそれに答えて「私たちはそんなことをしなくてよかった」(above that)と謎のような言葉を投げかける。

イライザ　私たちはコヴェント・ガーデンでそんなことをしなくてよかった。
ヒギンズ　どういうことだ。
イライザ　私たちは花を売っていた。私たちは自分を売らなかった。あなたが私をレディにした今、私は他に売るものがなくなってしまった(not fit to sell anything else)(229)

最初の「私たち」が誰を指し、「そんなこと」が何を指すのかが不明だからこそ、ヒギンズは「どういうことだ」と聞き返すのだが、イライザは「私たちは自分を売らなかった」と答えることで、花売りという労働が、人身売買としての上流階級の結婚よりも上品なもの(above)であることを明らかにする(写真1)。

原作戯曲の第四幕冒頭でもこれとほぼ同じやり取りがあるので、二人の会話は単純肉体労働の尊さを説くショーの意図をパスカル／ラーナーが忠実に再現しただけのようにも取れる（パスカルの映画版でもこの台詞は用いられている）。だがこのやり取りの前にラーナーが付け加えたもの、原作から取り去ったものを検討すれば、ラーナーがこの場でのイライザの困惑と混乱を、労働という概念をめぐって生じたものであることが明白になるように変更していることがわかる。そもそも、ショーは「あなたは私が死のうが気にしないだろう」というイライザの台詞をもっと文脈に依存したものにしている。原作ではピッカリングとともに舞踏会から引き揚げてきたヒギンズが程なくして「スリッパはどこだ」と独りごち、それを聞いたイライザがいったん部屋を出て行きスリッパをとってきてヒギンズの前に置くが、ヒギンズはイライザが持ってきてくれたことに気づきもせず、「ひとりでに現れたかのように」（九八）見つめて履く、という一連の動作がある。このように、ヒギンズがイライザのことを実際に気にかけていないことが観客の前に示された後に、イライザは「あなたは私のことを気にしない」という台詞を言う（したがって、この場面でのイライザの感情の暴発を彼女が無視されて傷ついたからだと論じる評者たちは、原作においては正しいことになる）。その一方で、「でかしたぞ」においてそうであるように、ヒギンズがピッカリングや使用人たちから賞賛を受ける場面は原作戯曲にはない。なるほど、原作でもピッカリングは「素晴らしい成功だった」（九九）とヒギンズに向かって言うが、『マイ・フェア・レディ』においてのように「君はやってのけた」と成功をヒギンズのせいだと讃えることはない。それどころか原作でピッカリングは「君は賭けに勝った、イライザが芸当をしたんだ」（九八）「イライザが素晴らしくやってのけているのに一度ならず仰天した」（九九）のように、イライザの功績であることをはっきりと言明している。

写真1　イライザにとって結婚は人身売買で、花売りの労働のほうが尊い価値を持つ（2:03:33）

ラーナーはこの二つの変更を施すことで、イライザの感情の暴発を、無視され傷ついているゆえだというショーの設定から逸脱させ、自分の功績を認めないヒギンズへの怒りだと解釈することを可能にしている。その上で「私たちはコヴェント・ガーデンでそんなことをしなくてよかった」というほぼ原作通りの台詞を残すことで、イライザの不安のより深い原因は、花売りのような労働より「自分を売る」ことのほうが大きな見返りを得られるという現実を突きつけられたことであることを示している。おそらくイライザは、自分が一所懸命取り組んだ発音練習を、花売りと同様に単純肉体労働だと考えていたに違いない。だからこそ「でかしたぞ」でヒギンズが賞賛されるので怒りを覚える。しかしそのように努力に励んだ結果として結婚が可能になるとヒギンズに示唆されると、彼女は自らの労働の対価が自分の考えとはあまりにも異なるので苛立ち、混乱するのだ。

『マイ・フェア・レディ』において労働表象は古い写本の訂正箇所がそうされるように「見せ消ち」にされている。一方で原作にない労働の過程が描かれ、他方ではその意義や見返りは蔑ろにされる。ポスト産業化社会にふさわしいかたちで労働の消滅が示されるのではなく、労働は可視化されつつ、これ見よがしに二重線を引かれて取り消されるのだ。そして、この作品において労働がこのような扱いを受けている理由は先ほど示した第二幕冒頭のヒギンズとイライザの会話で明らかになる。『マイ・フェア・レディ』とは、単純肉体労働の意義や価値が次第に認められなくなり、感情を適切に管理することが労働の重要な一部をなすようになっていく一九五〇年代中葉の合衆国社会において、人々がかえって自分の感情を持て余すようになるという逆説を描いた作品なのだ。そのことを次節以降で詳しく見ていこう。

3　本当の気持ちを歌わないナンバー

感情を持て余すという主題は、作品内容だけでなく、作品形式においても現れている。スコット・ミラーはそのことを、ヒギンズやイライザが歌う歌詞は「全く真実とは食い違っており、観客あるいは自分たち自身を騙そうとする」と表現している（176）。なるほど、ヒギンズの「僕は普通の男だ」は、極端な女嫌いのヒギンズがいかに「何の変哲もない男」ではないかを示すものだし、「忘れられない彼女の顔」はヒギンズがたんに「［イライザの］顔に慣れてしまった」だけではなく、彼女のいない生活がもはや耐えられないほどに、心の中に彼女が棲みついてしまったことを示すナンバーだ。

とはいえ、ナンバーを演じるときに、表情や仕草を通じて言葉とは裏腹の心情を表す、という手法はそれまでのミュージカルでもしばしば用いられていた。観客は登場人物たちが「素直になれない」ことを、歌詞と実際の言動の乖離で知ることになる。たとえば『オクラホマ！』第一幕第一場の終わりで歌われる「粋な噂を立てられて」は、農場の娘ローリーが、カウボーイのカーリーに向かって「私にお世辞を言わないで／私の家族を喜ばせすぎないで……私たちが恋をしていると人が噂をするから」(Hammerstein 55-56) と歌うものだが、二人がお互い憎からず思っていること、ローリーが強がりでそんなふうに歌ってみせていることを観客は十分わかっている。ヒギンズのナンバーも同様に、ヒギンズが自分の心を偽ってみせていることを物語の展開を知る観客にとって明らかである。

他方、イライザのナンバーの歌詞は「真実」を表していないというより、ナンバーを歌いはじめる直前のイライザの感情とナンバーの歌詞の意味とがうまく繋がらない。たとえば「スペインの雨」の歌詞は「スペインの雨は主に平野部に降る」という内容で、イライザの気持ちは全く盛り込まれていない。イライザの歌いぶりや表情から上流階級の話し方をついにマスターした嬉しさが伝わるので、観客は言葉の意味と示される感情との乖離を気にしないが、まるで作者たちがミュージカルでは感情を込めて歌えば歌詞は無意味でも構わない、と宣言しているようにも思える。

「踊り明かそう」もおかしな歌だ。「私が知っていることはただ／あの人が私と踊り始めると／私は一晩中でも踊っていられるということ」という歌詞だけをとってみれば典型的なラブソングだが、このナンバー以前にイライザがヒギンズに恋心を抱いていることが台詞として示されることはない。

このナンバーは「スペインの雨」に続けて演奏される。「スペインの雨」が終わった後に、興奮のあまりヒギンズはイライザの腕を掴んでぎこちなくタンゴのステップを踏むが、すぐに彼女をソファに放り出して、一人でフラメンコのような踊りを踊りはじめていたピッカリングとともに踵を打ち鳴らす。イライザはすぐさま踊っている二人に加わり、今度は三人でジグを踊る。レイモンド・ナップはこの場面を『雨に唄えば』のナンバー「グッド・モーニング」同様に、「歓喜の瞬間、男同士のかたい絆に突然女が割って入る」場面だと説明したうえで、なるほど、イライザはその晩自分が壁を突き抜けたと気づいて、（ヒギンズとの）「ロマンティックな冒険」（romantic adventure）を始めるのかもしれないが、ピッカリングとヒギンズによる「ホモセクシュアルな色合いの小芝居」（homosexually charged byplay）はまったく別の状況を同時に示している、と論じる。ナップの穿った観察が妥当かどうかはともかく、「一晩中でも踊っていられる」が導入されるまでの場面には、「あの人が私と踊り始めると／私は一晩中でも踊っていられる」という単純（だが強烈）な恋心とはまるで異なる三人三様の心理が描かれていることは間違いない。

一九四三年初演の『オクラホマ！』の大成功以降、ブロードウェイで上演される音楽劇の主流は、物語の進行が止まり、物語との関連性がそれほどない歌が挿入されるミュージカル・コメディから、歌われるナンバーが物語と密接に結びつき、ナンバーが歌われる間も物語が進行していく統合ミュージカルへと変わっていった。ナンバーが物語に「統合」されていると観客が感じるのは、まず物語を通じて示され、次にナンバーで示される登場人物の感情がうまく繋がっているときである。「私たちが恋をしていると人が噂をするから」のように、歌詞の内容が直接登場人物の感情を表現していない場合であっても、気持ちと言葉の食い違いそのものが物語を進行させる原因になっていれば、私たちは物語からナンバーへの移行を「自然」なものとして受け止めることができる。だがイライザの二つのナンバーはオペラやオペレッタと同様、美しいメロディと表現力豊かな演じ手がいれば、物語内容はどうでもいい、と言うかのように、それまでの物語の流れを断ち切り、この作品における物語の占める地位を蹂躙する。

もっとも、「今に見てろ」「証拠を見せて」「あなたなしでも」のようなイライザが怒りを示すナンバーでは、歌詞内容と表現される感情の乖離はそれほど大きくない。イライザが「今に見ていろ」を歌い始めるきっかけは、母音が正しく発音できるようになるまで昼飯も夕飯もチョコレートも抜きだ、と言い放って立ち去るヒギンズに怒りを覚えることだ。イライザはアスコット競馬場で見初めて以来自分に好意を示すものの、相変わらず煮え切らないフレディの態度に苛つくから「態度で示せ」と迫るのであり、自己中心的なヒギンズに愛想を尽かし、同時にそのヒギンズを崇めていた過去の自分を哀れんで「あなたなしで」を歌う。けれども、これらのナンバーにも本体の物語に統合しきれない部分がある。それはイライザの想像力が生み出す虚構の世界である。

「今に見ていろ」の歌詞では、ヒギンズを罰したいというイライザの妄想はどんどん膨らみ、王に望みのものは何なりと所望されたイライザが「ただヒギンズの首が欲しい」というと、王はヒギンズを引き出して銃殺刑に処する。「あなたなしで」の歌詞においても、「あなたなしでも毎年春が来る／イングランドはここにある／木は実をつける／海のそばに浜辺はある／クランペットと紅茶はある」「あなたが引っ張らなくても潮は満ちる／あなたが回さなくても地球は回る」のように、際限なくイライザの想像は広がっていく。

ここでヨカナーンの首を所望するサロメや、エデンの園の禁断の実のような旧約聖書の挿話を思い出すのは深読みだろう。クランペットがイギリスの俗語で「魅力的な女」を表すことを思い出すのも考え過ぎかもしれない。だが肝心なのは、観客ですらそのような妄想に駆り立てられるようなこれらのナンバーは、物語の作品世界という舞台上の「現実」とは直接関係のない、別の世界を指し示している、ということだ。なるほど、これらのナンバーはイライザが想像力豊かで、会話を通じて他人と交流をはかるよりは、自分の裡にこもり妄想を肥え太らせるタイプの人間であることを示している。実は、ミュージカルにはコミュニケーション能力の高い人間ばかりでなく、自分の過剰な想像力に苦しめられる人間もよく登場する。しかしながら、そうしたミュージカルの登場人物の性格は、たいてい物語を進行させるための仕掛けとして設定されている。対照的に、イライザの想像力は物語とは関係がないところで膨らんでいく。

「冷たい夜の空気から遠く隔たった／部屋がどこかにあればいい」と歌う「素敵じゃない？」でも同様だが、イライザは歌い出すと、その想像力によって現実からひたすら逸脱していく。そのことを念頭に置くと、「態度で示せ」の歌詞も奇妙に思えてくる。「天に瞬く／星のことなんか口にしないで／愛しているなら／態度で示せ」と歌うだけなら、フレディが自分の恋心をいかに巧みな言葉で表すかに心を砕くだけで、直接行動に訴えないことに対する苛立ちとして理解可能だが、「真夜中に二人だけでここにいるんだ／春のことなんか口にしないで／私をきつく抱きしめて」とまで挑発するのは、イライザがフレディに恋をしていない以上、現実味が薄いと言わざるを得ない。だ

写真2　「態度で示せ」とイライザはフレディに迫るが、彼女が歌っているのはヒギンズのことである（2:11:02）

からこそこのナンバーにおいて、イライザはフレディに向かいながらも、これらの台詞をヒギンズに向かって言っているつもりなのだ、イライザが本当に「きつく抱きしめて」ほしいのはヒギンズなのだ、という解釈がされてきた（写真2）。だがそのような解釈そのものが、ナンバーの歌詞が表す意味と物語の内容がずれていることを示している。

こうして仔細に検討していくと、イライザのナンバーは実は物語に統合されていないことがわかる。だからこそ多くの評者はこの作品をオペレッタ的だと位置付けてきたのだろう。しかし『マイ・フェア・レディ』は、たんなるオペレッタ——荒唐無稽だったり、他愛もなかったりする物語は二の次で、ひたすら劇中で歌われる歌の美しさに酔えばよいもの——では決してない。この作品がナンバーと物語は統合されているという錯覚を与えるとすれば、それはナンバーと物語の両方でイライザをはじめとする登場人物が強烈な印象を与えるからだ。言い換えれば、この作品はナンバーと物語がそれぞれ自立した世界となっており、とくにイライザは二つの世界を往還して生きているのだ(1)。

4　強い情動と弱い情動

登場人物の曰く言い難い内面をその台詞や表情・身振りを手がかりにして想像する作業を観客にゆだねる近代の台詞劇と異なり、内面を歌とダンスとしていわば強制的に外形化して表示するアメリカン・ミュージカルにおいては、表現される感情はわかりやすく単純化され、個別性・単独性は薄まる。また、歌やダンスが生み出す情動の感染力は強いので、観客は表現されている感情が現実の状況に即していないとか、この登場人物の抱くものとしては不自然だ、というような判断を下す余裕を持ちにくくなる。観客はただ演者の身体が発する強い情動に圧倒され、自らの身体が共振して、知らず知らずのうちに涙を流していたり、全身で歓喜を感じていたりするのを知ることになる。

イライザもまた、『マイ・フェア・レディ』の「ナンバーの世界」において観客にきわめて強い情動を与えるナンバーを歌う。「今に見ていろ」「スペインの雨」「一晩中踊っていられる」「態度で示せ」のようなナンバーは、イライザの強烈な感情が伝わってくるので、私たちはその真正性を疑わないし、イライザが本来属しているはずの「物語の世界」の現実と「ナンバーの世界」が必ずしも一致しないこと――「ナンバーの世界」が「物語の世界」の地続きとして描かれていないこと――をあまり意識しない。

一方、近代の台詞劇である『ピグマリオン』がもとになっている「物語の世界」では、もっと微妙で、言葉にしにくい感情が渦巻いている。ヒギンズとピッカリングにある「ホモセクシュアルな色合いの小芝居」についてはすでに引用したとおりだ。だがそもそも、イライザとヒギンズが心を通わせるようになってからも、二人の間に恋愛感情と呼べるような強い感情はあったのだろうか。ヒギンズは原作でも「君の声と姿にすっかりなじんでしまって、正直、気に入ってる」（二二二）と言う。この台詞や、「彼女の顔になじんでしまった」のナンバーは、ヒギンズがもっと強い感情をイライザに対して抱きながら、それを自分でも意識できず、また自分の気持ちをうまく言葉にできずにいることを示しているとしばしば理解されてきた。だがこの台詞を額面通りとることはできないのだろうか。ヒギンズはイライザの声と姿は気に入っているし、彼女の顔になじんでしまっているけれど、彼女のことを「愛して」いるわけではない、と考えることはできないだろうか。

ショー自身は、『ピグマリオン』一九一六年版に付け加えた「後日譚」で、ヒギンズが音声学以外に「情熱」（passion）を抱かないことについて興味深い説明をしている。知性、身のこなしの優雅さ、毅然とした性格、そして芸術についての洗練された鑑賞眼を持った金持ちの母親に育てられた息子は、自らの愛情、美的感覚そして理想を、皮相な性的衝動と分けて考えるようになる、と前置きをした上でショーはこう書く。

無趣味な家庭で平凡で面白みのない両親に育てられたために、文学、絵画、彫刻、音楽そして温かみのある人間関係が、自分のもとにやってくることがたとえあったにせよ、性衝動の諸形態としてやってくる、大多数の無教養な連中にとって、このような男性は常に謎めいた存在となる。そういう大多数の連中にとって情熱という言葉は性衝動以外のものを意味しないし、ヒギンズが音声学に情熱を燃やしたり、イライザよりも母親を理想の女性と考えたりすることは、バカバカ

しい不自然なことに思えてしまう(二四〇:傍点引用者)

ここで「温かみのある人間関係(affectionate personal relations)」とショーが呼ぶものを、「強い情動」に対する「弱い情動」だと考えると、私たちのような「大多数の無教養な連中」にも、ヒギンズがイライザに抱いていた、「皮相な性的衝動」とは区別されうる感情を想像することはできるだろう。

そして長い「後日譚」を丹念に読んでいけば、イライザもまた、「皮相な性的衝動」とは異なる曖昧な感情をヒギンズに抱いていることがわかる。一方でショーは「彼女の人生の中で、「ヒギンズ」が最も強い人間的関心の対象として残ることに疑問の余地はない」(二三九)と記す。他方で「彼女はフレディが好きで、大佐が好きで、ヒギンズや父親のドゥーリトルは好きになれない。彫像のガラテアがみずからの創造主であるピグマリオンを本当に好きになることは決してない。彼女にとっては彼はあまりに神のごとき存在であり、到底つき合えるものではないのである」と断言する。イライザがヒギンズに向ける感情は「温かみのある」ものではあるが、かといって強烈なものでもない。「ナンバーの世界」にあったような、演者の身体を突き動かし、それを目撃する観客の身体をも変容させていくような情動は、「物語の世界」には見られないのだ。

もちろん、『ピグマリオン』とは異なり、『マイ・フェア・レディ』では二人の間に強い結びつきが存在しているからこそ、いったん出ていったイライザがヒギンズのもとに戻ってくるという結末になっているのではないか、と主張することもできるかもしれない。けれども、よく知られているとおり、『マイ・フェア・レディ』のこの結末は通常の意味のハッピーエンディングではない。イライザはヒギンズと結婚することを決意したわけでもないし、フレディと結婚することを断念したわけでもない。ヒギンズのもとを離れがたいという気持ちをイライザが抱いていることはわかるが、だからといってヒギンズを愛していると判断できるほどの材料はない。

しかもこの曖昧な結末は、すでに説明したように、ショー自身が台本執筆に参加した、パスカル製作の映画『ピグマリオン』（一九三八）で導入されたものだ。ショー自身がこの部分を書いたわけではなさそうだし、試写会で見せられたショーは一言も発しなかったというパスカル夫人の証言もあるが、「いったい私のスリッパはどこにあるんだ」と照れ隠しにヒギンズが言うこの結末をショーが容認したのは事実だし、映画が製作された後の一九四一年版で書き加えられた序文にも映画の成功を自慢することはあれ、否定的な評価はしていない。

とすれば、このどっちつかずの解決においても、ショーが考える二人の関係性は保たれていると考えてもよいだろう。この二人を結びつけているのは弱い情動である。ここで弱い、と名づけている情動は、それによって身体（表象）の様相は変化しないように思われる、という意味であって、日々の生活に影響を及ぼすことがさしてない、という意味ではない。私たちは喜怒哀楽のような、はっきりとした身体の変化を引き起こすような情動だけが私たちに影響を与えると考えがちだが、米国精神医学会による精神疾患の診断・統計マニュアル第四版（DSM-IV-TR）以降で定義されている「身体疾患に影響する心理的要因」の具体例を見ればわかるように、身体はもっと「軽微な」心理的要因によっても変容する。ただし「弱い情動」の場合、身体は実は変化しているのだが、気づかないほど軽微であったりする。また、そのような軽微な変化を表す言葉がなかったりすると、さらにその変化は気づきにくくなる。

このように説明すると、「弱い情動」はフロイトのいうところの抑圧を引き起こすものに思われるかもしれない。だが二〇世紀初頭の俗流フロイト主義の流行に眉をひそめ、「文学、絵画、彫刻、音楽そして温かみのある人間関係」を「皮相な性的衝動」として捉えることの偏狭さを後日譚で暗に批判してみせたショーに倣い、「弱い情動」はたんなる抑圧の原因ではないとここでは言っておこう。たとえば「弱い情動」は地縁・血縁共同体の紐帯にもなる。没頭や献身を促すような愛国心ではなく、自分の住む土地をなんとなく好きで離れがたいと感じる心、相手を求めてやまないような情熱ではなく、言葉にするのも大げさだが、緩く繋がっていたいという気持ち、弱い情動はそうした感情を介在させるものとなる。

5　スイッチの切り替え——感情を持て余すのはなぜか

弱い情動を与える「物語の世界」と、強い情動を与える「ナンバーの世界」は本来なら相入れないものだが、『マイ・フェア・レディ』においては——ラーナーがショーの台詞を変更せずに用いたために——この二つの世界が連続し重なり合っているかのような錯覚を与える。その錯覚は、イライザが——あるいはイライザを演じる俳優が——二種類の感情表現の様式を巧みに切り替えることで生み出される。この二種類の様式はそれぞれ、近代の台詞劇に要求される、曰く言い難い複雑な感情をそこはかとなく醸し出す能力と、アメリカン・ミュージカルに要求される、単純で力強い感情を明白なかたちで表出する能力に対応する。だがこの切り替えは目立つことなく行われるため、必要とする労働を観客が意識することはまずない。

そのことは、イライザが上流階級の話し方を覚え、「正しい英語」を話せるようになってもそれが彼女の労働の成果だと認められないことと対応している。イライザもまた、コックニー訛りの「自然な」感情の発露ができるモードと、「ご招待くださってご親切さま」のようなきわめて洗練され、感情をつとめて抑制するように話すモードを多大な労力を払って使い分けるようになるが、賞賛されるのはイライザを教育したヒギンズやピッカリングであって、実際に使い分けるイライザではない。

もちろん、イライザを演じる俳優は、観客の拍手によって自分の努力を認められたと感じるかもしれない。けれども観客の賞賛は彼女の演技全体に対するものであって、二つの様式を切り替えたことへのものではない。イライザもまた、大使館の舞踏会でその「演技」が認められるわけだが、彼女があるモードから別のモードに切り替えたことを知っている人間にはその努力を褒め称えられることはないので苛立ち、ヒギンズに食ってかかる。

『マイ・フェア・レディ』上演の二つの層で生じる労働の非認知の問題は、真正な感情というものはあるのか、という感情労働の評価をめぐるアポリアを解決する糸口となる。他者とコミュニケーションをする際に、自分が実際には感じていない感情を感じているかのようにふるまい、その時実際に感じている感情を表出しないことはある程度必要なことで、私たちは幼い頃からそのような訓練を受けて「社会性」を獲得してきている。にもかかわらず、労働をしているときに自己の感情を適切に抑制・管理する、すなわち「感情労働」をすることはどうして否定的に捉えられるのか。感情労働をめぐる社会学や心理学の先行研究を読む限り、三つの解が与えられているようだ。第一に、自己疎外の問題。感情を商品化することは自己の一部を切り売りして他者に渡すことであり、資本主義下における他のあらゆる労働と同様、労働者は自己の十全な発達を望めないというもの。第二に、量的な問題。「気働き」は日常生活においても必要だが、労働の場においては過度にそれが求められ、その結果私たちの感情は磨耗してしまう、というもの。第三に、対価の問題。感情労働はしばしば「本当の」労働に付随したものとみなされ、その労力に見合うだけの対価が支払われることがないというもの。

ただし、これらの批判はいずれも、私たちが「自然に」感じている真正な感情と、感情労働で必要とされる「贋物」の感情がはっきりと弁別し得る、ということを前提としている。あるいは、感情労働で必要とされる感情は「贋物」であり、その限りにおいて有害である、という確信のもとになされている。そのような前提や確信は、(しばしばこうした研究書が言及する)航空会社の客室乗務員や保険会社の外交員が従事する感情労働においてはあてはまるのかもしれない。他方、俳優が、舞台で感じ、表現する感情が「贋物」だと指摘されることがあれば、自らの技芸に対する侮辱だと感じるだろう。俳優たちの「感情労働」は、登場人物になりきり、登場人物の感情生活を「生きる」ことで、自分が表現する感情が真正であることを示すことを目的になされる。それゆえに、俳優は自らのその時々の感情に左右されずに、舞台上で登場人物の感情をうまく真似れば真似るほど、人間的に成長していく、そして俳優自身の感情も磨耗するどころか、より豊かなものになる、と多くの演技術の教科書は教える。その結果としてより多くの報酬が与えられることも多いだろう。俳優が感情の管理を学ぶのと同様に、他の労働者も感情の管理を適切なかたちで学べば、自己疎外も感情の磨耗も感じずにすむはずだ、と俳優ならば反論するかもしれない。

興味深いことに、感情労働についての古典的文献であるアーリー・R・ホックシールドの『管理される心』の第三章は、スタニスラフスキー・システムとメソード演技という、一九世紀末から二〇世紀にかけて欧米の舞台・映画作品で主流となった表現技法である心理主義リアリズムを実践するための演技術についての考察にあてられている。ホックシールドはこの二つの演技術を一緒くたにして論じているのでいささか混乱するが、それは措こう。この章の途中まで、ホックシールドは、「感情記憶」(sense memory) と小道具によって示唆を受けることで深層演技を活性化するというメソード演技が提案する方法論に魅了されているように思える。彼女はスタニスラフスキーの言葉を引用しながら、メソード演技の主要な技法である感情記憶について詳しく説明する。ここで彼女は、メソード演技でいうところの「役を生きる」ことができれば、感情労働を肯定的に捉えることができると示唆しているようにすら思える。

ところがホックシールドは途中でこの章の論旨が全体の方向性と異なることに気づいたかのように方向転換する。そしてアーヴィング・ゴフマンが提示したような日常生活における演技と、劇場における演技の違いをあれこれと考えた挙句、こう結論づける。

劇、私的生活、治療等のコンテクストにおける演技とは異なり、商業的場面では、表層演技と深層演技によって、顔と感情が一個の資源という特性を帯びる。しかしそれは劇と同じように芸術のために、または治療と同じように自己発見のために、あるいは日々の生活と同じように達成を追求するために利用される資源ではない。それはお金を得るために利用される資源である。スタニスラフスキーの仕事場の外で、アメリカ市場という場所で、俳優は目覚め、自分が操作されていることに気付くかもしれない。（六三）

この訳文も、また英語原文も、文意がやや取りにくい。だが、言わんとしていることは、芸術性が担保されていれば感情が「資源」（resource）となるのは許容されるが、金儲けが目的になってしまうと、それが俳優であれ感情労働は「操作される」（operated upon）のでよくない、ということだろう。これだと、自己実現がともなわない労働は自己疎外であるというマルクスの規定とそう変わらない。

それでも、以下のような考察を行うなかで、「［人々は］二つの了解の間を交互に行き来している」（傍点筆者）とホックシールドが述べるとき、彼女は感情労働の別の——私たちにとって負担になる可能性があり、その成果が正当に評価されない——側面についてほぼ正しく言い当てているように思える。

過去を振り返るとき、私たちは「本当は何が起こったのか」に関する二つの了解の間を交互に行き来しているのかもしれない。一方に従えば、私たちの感情は純粋で自発的だった。もう一方に従えば、感情は純粋で自発的に見えたのだが、しかし実際には密かに管理されていた。結局どちらの了解が道理にかなうのか迷うなかで、私たちは自分の現在の感情について自問せざるをえなくなる。「私は演技しているのだろうか？　どうすればそれがわかるのだろうか？」。（五五）

私たちは「なりきり」、ある感情を「生きる」ことができる限り、それを贋の感情だとか、管理されていると考えて悩むことはない。たとえ、その感情が「純粋で自発的」なものではない、すなわち何らかのかたちで自分の「外部」から強制されたものであったとしても、その感情をうまく自分のものにすることができれば、私たちは感情労働をさせられている、と感じることはない。

私たちが真に負担に感じるのは二つの感情表現の様式を行き来することであって、「贋の感情」を感じる必要があるからではない。あるいは、感情表現の様式が二つあることを意識するとき、私たちはそのどちらかを「贋の感情」であると考えてしまい、両方を行き来することに負担を覚える、といっても同じだ。そしてイライザのように、その負担を認められないと私たちは絶望を感じ、「［昔は］私たちはそんな［下品な］ことをしなくてよかった」と文句を言うのだ。一九五〇年代中葉の合衆国社会において『マイ・フェア・レディ』がかくも華々しい成功を収めた隠れた理由は、この作品が形式においても、物語内容においても、二つの感情表現の様式を行き来することの労苦を描き、かつ、二種類の感情を切り替えることで生じる負担が正当なかたちで報われることはない、という当時ひそかに共有されはじめていた認識を提示したところにあったのではないだろうか。やがて感情労働という名前で呼ばれることになるこの種の負担を『マイ・フェア・レディ』は先取りして形象化していたのだ。

【註】

（1）序章で言及したように、スコット・マクミリンはアメリカン・ミュージカルには「ブック・タイム」と「リリック・タイム」という二つの相異なる時間秩序が存在すると主張する。その際、彼が最初に例に出すのは『マイ・フェア・レディ』で、「台本とナンバーの中に包含される二つの時間秩序間の変化によって、ヘンリー・ヒギンズはショーの台詞劇の人物とは異なる人物、つまり異質な行為の虜にされる人物になる」（二〇）と述べる。だが本章で私が強調したいのは、『マイ・フェア・レディ』は『ピグマリオン』という近代劇の代表作の一つを原作にしたミュージカルというその出自ゆえに、「ナンバーの世界」と「物語の世界」が生まれていること、そしてラーナーがショーの台詞を変更せずに用いたためにこの二つの世界が連続し重なり合っているように観客には思えることである。その意味で『マイ・フェア・レディ』は特殊であり、アメリカン・ミュージカルが二つの時間秩序を内包するというマクミリンの主張そのものに疑義はないが、例に出すには特殊すぎて不適切だと私は考える。

【引用文献】

Bernstein, Leonard. *The Joy of Music*. Simon & Schuster, 1959.
Cantu, Maya. *American Cinderellas on Broadway Musical Stage: Imagining the Working Girl from Irene to Gypsy*. Palgrave Macmillan, 2015.
Hecht, Stuart Joel. *Transposing Broadway: Jews, Assimilation, and the American Musical*. Palgrave Macmillan, 2011.

Hochschild, Arlie Russell. *The Managed Heart: Commercialization of Human Feeling.* Kindle ed., Updated ed., U of California P, 2012.
Knapp, Raymond. *The American Musical and the Performance of Personal Identity.* Princeton UP, 2006.
Lerner, Alan Jay. *The Street Where I Live.* 1st ed., W. W. Norton, 1978.
—. *My Fair Lady. American Musicals 1950-1969*, edited by Laurence Maslon, The Library of America, 2014, pp. 161-254.
McHugh, Dominic. *Alan Jay Lerner: A Lyricist's Letters.* Kindle ed., Oxford UP, 2014.
—. *Loverly: The Life and Times of My Fair Lady.* Kindle ed., Oxford UP, 2012.
Miller, Scott. *From Assassins to West Side Story: The Director's Guide to Musical Theatre.* Heinemann, 1996.
Mordden, Ethan. *Coming Up Roses: The Broadway Musical in the 1950s.* Kindle ed., Oxford UP, 1998.
Hammerstein II, Oscar and Richard Rogers. *Oklahoma!: The Complete Book and Lyrics of the Broadway Musical.* Applause Theatre & Cinema Books, 2010.
Shaw, George Barnard. *Pygmalion: A Romance in Five Acts.* Penguin Books, 1957.
ショー、ジョージ・バーナード『ピグマリオン』小田島恒志訳、光文社古典新訳文庫、二〇一三年。
渡辺利雄「解説」。ホレイショ・アルジャー『ぼろ着のディック』畔柳和代訳、松柏社、二〇〇六年。

第七章

なぜプエルトリコの女たちは「アメリカにいたい」のか

――『ウェストサイド物語』(一九五七)における人種・民族の表象

1　はじめに

『ウェストサイド物語』は、ウィンター・ガーデン劇場で一九五七年九月に初演され、一九六一年一〇月にはロバート・ワイズ監督による映画版が公開された。マンハッタンの西六〇丁目付近――その後再開発されてミッドタウン・ウェストと呼ばれる瀟洒な通りとなったが、当時は荒廃していた土地――を舞台にしたこの作品は、「アメリカ」人とプエルトリカン移民からなる、二つの若年層ギャング集団の抗争を背景に、プエルトリカンの少女マリアとイタリア系（とおぼしき）アメリカ人トニーとの悲恋を描いた。アメリカン・ミュージカルはしばしばその現実逃避的傾向を批判されてきたが、この作品はめずらしく、人種・民族問題、都市・貧困問題、そして若年層ギャングの台頭といった同時代の社会問題を正面切って扱っていると賞賛されてきた。

映画版『ウェストサイド物語』では、女と男が二手に分かれて歌を掛け合う「アメリカ」で、プエルトリコの女たちは「アメリカにいたい」と歌う。まず冒頭でアニタ率いる女性たちは祖国プエルトリコをくさす。

プエルト・リコ

私の心が向かう場所
もう一度海の中に
沈んでしまうといい
いつもハリケーンが吹き荒れて
人口は増えるばかり
借金も嵩むばかり
陽射しは強く
住民たちは汗だく
私はマンハッタン島が好きよ

これに対してギャング団・シャークスの構成員であるプエルトリカンの若い男たちは「そうだろうさ」（"I know you do."）と合いの手を入れる。女たちは続けて

私はアメリカにいたい
アメリカになるならオーケー
アメリカではなんでも無料
アメリカでは物が安い
ツケで買うのも素敵（Sondheim 41-42）

とアメリカに対する思いを歌う。女たちがアメリカにいたい理由は他にも、進んだ文明（洗濯機、摩天楼、キャデラック）だとか、生活習慣（ローン購入、新しく広い住居）などであることがわかる。そして極めつけに「ここでは人は自由でいられ、誇りを持てる」（"Here you are free and you have pride"）という（写真1）。

他方、シャークスたちは「何もかも薄汚れたアメリカ」「ギャングばかりのアメリカ」「つらい暮らしのアメリカ」とさんざんにこき下ろす。ほかにも彼らは人種差別や貧困（"Twelve in a room in America"）があることを歌い、最後にプエルトリコの首都サン・ホアンに帰ることを思う。女たちは意気消沈している男たちを見て、「どんな船に乗ってあんたたちが帰っていけるか知っているよ／バイバイ！」と嘲る。「歌合戦」での勝負は、女たちが勝ったようだ。

本章では、映画版の「アメリカ」において、プエルトリコの男たちは祖国に帰りたいと歌うのに、女たちはニューヨークにいたいと歌っているのはなぜかについて考えていきたい。「アメリカ」は一見すると、男のだらしなさ、女のたくましさを滑稽に対比させただけのナンバーのようにも思えるし、事実、これまでそのような解釈がしばしばされてきた。しかし実際にはもっと深い意味が隠されていることを示したい。

2 『ウェストサイド物語』における人種・民族問題の扱い

人種差別や貧困といった、ニューヨーク在住のプエルトリカンを取り巻く問題は男女にかかわらず存在するはずなのに、なぜ「アメリカ」で、女たちは「ここでは人は自由でいられ、誇りを持てる」と歌うのだろうか。裏返せばそれは、祖国では女たちは自由ではなく、誇りが持てない、ということだ。当時のプエルトリコでは女性を抑圧するような体制が存在していたことが示唆されている。

そのことについて考察する前に、確認しておきたいことがある。このような男女の対立は、もとの舞台版『ウェストサイド物語』にはない、ということだ。「アメリカ」というナンバーはもちろんあるし、挿入される劇中の箇所もほぼ同じだが、舞台版ではプエルトリコの女の一人であるロザリアとアニタら女たち全員とが掛け合うことになっており、プエルトリコを懐かしむロザリアの愚かさが浮き彫りにされる趣向になっている。そしてもっと重要なことに、「ここでは人は自由でいられ、誇りを持てる」という歌詞は映画版になって付け加えられたもので、舞台版にはない。

そうすると、舞台初演から映画公開の約四年の間に、作り手

写真1　映画版では「アメリカにいたい」と歌うプエルトリコの女と、「プエルトリコに帰りたい」男たちが対立する（0:50:31）

たちのプエルトリコ観を変えさせることが起きたのだろうと予想ができる。『ウェストサイド物語』の作詞家は、後年『カンパニー』（一九七〇）、『太平洋序曲』（一九七六）、『スィーニー・トッド』（一九七九）、『サンデー・イン・ザ・パーク・ウィズ・ジョージ』（一九八四）、『イントゥ・ザ・ウッズ』（一九八七）といった話題作を次々と提供し、ブロードウェイ・ミュージカルの定義を変えたと言われるスティーブン・ソンダイムだ。一九三〇年生まれのソンダイムは当時まだ若かったが、友人の父であったオスカー・ハマースタイン二世の薫陶を幼い頃より受けて、ミュージカルの現場に関わることを希望していた。作詞と作曲を両方とも行うのが現在の彼のスタイルだが、『ウェストサイド物語』では若手の彼にひとまず作詞家としてデビューするチャンスが与えられた。そのソンダイムが、一九五七年から六一年にかけてプエルトリコで起きた何かを目にし、そのことが反映されるように歌詞と掛け合いの内容を書き換えたのではないだろうか。

だがこのことを考える前に、さらにもっと根本的な問題を見ておかなければならない。本当に『ウェストサイド物語』は人種・民族問題を正面から取り上げているのだろうか。なるほど、『ウェストサイド物語』の作曲家レナード・バーンスタインは、一九八五年から九〇年にかけて行われたイタリア人ジャーナリスト、エンリーコ・カスティリオーネによるインタビューに答えて、この作品の真のテーマは「ニューヨークにおける人種問題」だと明言している（八七）。現在の主要な見解も同様だ。

しかし初演時の批評を検討していくと、人種問題はそれほど大きく焦点を当てられていなかったことがわかる。都市問題としての少年非行や、二つの集団の対立の中で生まれる非寛容、憎悪、頑迷という悪徳に引き裂かれた恋人同士という、当時はより「普遍的な」主題が読み込まれることのほうが多かった。

もちろん、これだけでは、批評家たちがそう受け取ったというだけで、作り手たちがどう考えていたかはわからない。しかし実際には、作り手たちも人種・民族問題を正面から取り上げる気がなかったのではないか、と思われるふしがある。

そもそも、『ウェストサイド物語』は最初に構想されたときには『イーストサイド物語』というタイトルだった。一九四九年一月、『ロミオとジュリエット』を下敷きとしたユダヤ人少女とイタリア系カトリックの少年の悲劇を振付のジェローム・ロビンズが思いつき、バーンスタインと脚本のアーサー・ロレンツが制作に合意した。ロウアー・イーストサイドを舞台に、ホロコーストの生き残りで、イスラエルからの移民であるユダヤ人少女が反ユダヤ主義の偏見を乗り越えようとする、という物語だった。

しかしこの構想は挫折する。ロレンツは後年の自伝『オリジナル・ストーリー・バイ』において、ユダヤ教徒とキリスト教徒の結婚という同じ主題を扱い、一九二二年から二七年までのロングランとなったアン・ニコルズ作の笑劇『アビーのアイリッシュ・ローズ』*Abbie's Irish Rose*（一九二八年の映画版は日本でも『アビーの白薔薇』として公開されている）があることに気づいて、やる気が失せたところへ、当時人気絶頂の指揮者として文字通り全米を飛び回っていたバーンスタインが忙しくて事実上断念した、と書いている（330）。一方、バーンスタインの一九四九年四月一五日付「『制作記録』抜粋」には、自分とロレンツが忙しくてまとまった時間を取れるまで待ったほうがいいと書いてある（*Findings* 144）[1]。事実はどうあれ、『イーストサイド物語』はいったんお蔵入りになる。

この企画が再び陽の目を見たのは一九五五年のことだった。これもロレンツの『オリジナル・ストーリー・バイ』によれば、映画制作のために滞在していたロサンゼルスでバーンスタインと再会したとき、彼がラテン音楽を聴きながら、ロサンゼルスを舞台に作り替えチカーノ（メキシコ系アメリカ人）を登場させることを示唆したので、ロレンツは自分たちのよく知っているニューヨークを舞台にプエルトリカンを登場させることを提案し、合意に至ったという（337-8）。

なお、このように当初の計画から六年間も間隔が空いたのは、バーンスタインやロレンツが忙しかったこともあるが、当時の「赤狩り」の影響もあった。「赤狩り」とは、米ソ冷戦のまっただ中、共産党員だとみなされた人々は公職から追放され、左翼的な言動の目立つ映画人・舞台人は職を奪われるという一種のマス・ヒステリアのことだが、とくに禍根を残したのが、下院非米活動委員会に召喚し「共産党員の同志」を名指しすることを実質上強要するというやりかただった。中には劇作家アーサー・ミラーのように頑として「仲間を売る」ことを拒絶した者もいたが、一方では職を失うという恐怖から政府に協力し、共産党員でもない友人の名前を挙げてしまったものもいた。『ウェストサイド物語』の振付を担当したジェローム・ロビンズもその一人で、下院非米活動委員会で喚問された約五〇人の証言をエリック・ベントリーが編んだ『背信の三十年』やローレンス・グレッグによる評伝『悪魔と踊る』を参照して津野海太郎が詳しく説明するように（三二一－三五）、一九五三年五月に下院非米活動委員会で証言を行ったあと、「密告者」として仲間たちから疎まれるようになる。

話を元に戻そう。人種・民族問題について衆人の耳目を引くような事件を取り上げるということであれば、バーンスタインやロレンツたちは、国内最大の人種問題である黒人差別や、当時の最大の民族紛争であったパレスチナ問題に直接つながるユダヤ人問題を取り上げることもできた。これらの問題に比べれば、マンハッタンに居住するプエルトリカンが直面する人種差別・貧困は、ローカルでマイナーな問題でしかない。ましてや『イーストサイド物語』におけるユダヤ人とキリスト教徒の対立の問題が、六年後再開されたときには『ウェストサイド物語』としてプエルトリカンとアメリカ人の問題に書き換えられていたということを知れば、この作品の主題が本当に人種・民族問題なのか、なおさら疑問に思えてくる。

当時、黒人差別の問題は現実の世界でも、またフィクションの世界でも、大きくとりあげられていた。一九四九年に公開されたエリア・カザン監督『ピンキー』は、肌の色の薄い黒人女性ピンキーが白人だと偽ったまま白人男性と結婚しようとするが最後に断念するという物語で話題になった。一九五四年五月には、連邦最高裁で争われていたブラウン対教育委員会裁判の判決が出る。公立学校における黒人学生と白人学生の分離を定めたカンザス州法にたいして、法による市民の平等な保護を定めた憲法修正第一四条に違反すると認めたのだ。これは一八九六年五月プレッシー対ファーガソン最高裁判決以来の「分離すれども平等」という先例を覆すものだった。

さらに舞台版『ウェストサイド物語』初演の二年前、ちょうどロレンツとバーンスタインによって企画が再開されたころ、有名なモンゴメリー・バス・ボイコット事件が起きる。そのきっかけは、南部アラバマ州モンゴメリーで、白人優先席を譲れというバス運転手の指示に従わなかった黒人女性ローザ・パークスが逮捕されたことだった。この逮捕に抗議するために、マーティン・ルーサー・キング・ジュニア牧師らが、バス乗車のボイコットを呼びかけると、白人も含む多くの市民がこれに応じ、さらにこの事件が報道されると全国的な反響を呼び起こす。一九五六年一一月、連邦最高裁はモンゴメリーの人種隔離政策に違憲判決を下し、その後の公民権運動の高まりに大きな影響を与える。黒人の地位向上を求めるこうした一連の動きの背景には、一九五〇年頃より活動を活発化した全国有色人種向上協会の指導と資金提供があった。この後一九六四年七月の公民権法施行によって一区切りがつくまで、アメリカの国内では黒人差別についての議論がかまびすしかったわけだが、『ウェストサイド物語』にはその影響は見られない。

さらにこの時代は一九四八年五月に建国されたユダヤ人国家イスラエルをめぐって中東情勢が緊迫したこともあって、古くて新しいユダヤ人差別の問題がアメリカ国内でも注目されていた。戦後間もない一九四七年一一月、グレゴリー・ペック主演、エリア・カザン監督『紳士協定』(*Gentlemen's Agreement*) が公開されたが、これは暗黙の了解 (gentlemen's agreement) として上流社会にある反ユダヤ主義を批判したものだった。[2] イスラエル建国後に起きた第一次中東戦争では、パレスチナの地に住む七〇~八〇万人以上のアラブ人が難民となっている。また (その起源には諸説あるが、おそらくは) 一九五一年頃、現在もワシントンにおける最大の親ユダヤ圧力団体であるアメリカ・イスラエル公共問題委員会の前身のアメリカ・シオニスト公共問題評議会が設立され、国際・国内を問わずユダヤ人の見解や立場を強力に宣伝しアメリカ政府がそれらを受け入れて行動するように働きかけるようになる。そしてブロードウェイ初演一年前の一九五六年一〇月には、エジプトがスエズ運河国有化を宣言したことをきっかけに第二次中東戦争が勃発した。

国内外でこのような重大な人種・民族問題が生じていたことを考えると、『ウェストサイド物語』でのプエルトリカンとアメリカ人の少年ギャングの抗争や、対立する民族にそれぞれ属する恋人たちの悲恋というのはいかにも小さな問題に思えてくる。たしかに、黒人差別の問題も、パレスチナ問題が生じるきっかけになったユダヤ人のシオニズム運動も、当時は深刻すぎ、生々しすぎて、ミュージカルの題材として扱うことができないというのはわかる。今『ウェストサイド物語』というと、人種・民族問題が大きく取り上げられている、と私たちは考えるが、当時は、前述したように、少年非行、暴力、「ギャングの抗争」といった主題に焦点が当てられていた。たとえば『ニューヨーク・タイムズ』の著名演劇評論家であったブルックス・アトキンソンの初演評ではギャングの抗争（"Gang warfare"）という言葉が使われているし、同紙の映画評論家ボズリー・クラウザーの映画評では「ニューヨークの少年ギャングの争い」（"this drama of a New York juvenile gang feud"）と言及されている。

人種・民族問題よりむしろ、当時はこのような主題が注目を集めたのだ。荒れる学校を初めて描いた『暴力教室』は一九五五年公開だが、ブロードウェイ・ミュージカルがリアルな社会情勢を描くことは、当時まだ珍しく、また手放しで賞賛されるというわけではなかった。その証拠に、『ウェストサイド物語』舞台化のための資金集めは当初ことごとく失敗するし、また一九五八年度のトニー賞では、にくめない詐欺師が巻き起こす騒動を描いた『ミュージック・マン』がベスト・ミュージカルをはじめ五部門で賞を得た一方、『ウェストサイド物語』が獲得したのは、最優秀振付賞（ロビンズ）と舞台美術賞（オリヴァー・レミュエル・スミス）だけだった。

しかし今『ウェストサイド物語』が少年非行や暴力、「ギャング戦争」を扱っているとは誰も言わない。一つには、この作品がクラシックバレエの語法とオペラ的歌唱を取り入れたために、少年たちの身体は「リアル」から遠ざかって、「様式」「スタイル」になってしまったことがある。また一つには、『カラーズ　天使の消えた街』（一九八八）のような、少年ギャングの抗争をシリアスに描いた映画や、『トレインスポッティング』（一九九六）のような、若者の「もっとリアルな」日常的暴力を描いた映画がその後出てきて、『ウェストサイド物語』の描かれかたが手ぬるいものに見えてしまった、ということがある。もっとも脚本家のロレンツは、「作り物」になってしまったのは映画版であり、初演の舞台版には衝迫力があった、と述べている（332）が、これればかりは初演を見ていない人間には判断がつかない。

3　抹消されるユダヤ性

前述したように、『イーストサイド物語』が『ウェストサイド物語』に変更されるにあたって、ユダヤ教徒とキリスト教徒の対立が主題ではなくなった。だがある事実を知ると、この変更は奇異に思えてくる。それは、作詞家スティーブン・ソンダイム、作曲家レナード・バーンスタイン、脚本家アーサー・ロレンツ、演出家・振付家ジェローム・ロビンズ、制作者ハロルド・プリンス、衣裳のアイリーン・シャリフ、照明のジーン・ローゼンタール、そして映画版音楽監督のソール・チャップリンが全員ユダヤ系であった、ということだ。もちろん、厳密にいえばユダヤ人とはユダヤ教徒のことであり、人種のことではないし、彼らのうちでユダヤ教を信仰していると公に表明した人は一人もいない。とはいえ、ユダヤ教を信仰する家庭に育ち、かつ／あるいは、ユダヤ人というアイデンティティを抱いていた彼らのことをユダヤ系アメリカ人と言っても差し支えないだろう。

彼らのなかで、自分のユダヤ性をもっとも意識していたのはバーンスタインだった。彼は一九四七年から四九年にかけてイスラエル・フィル音楽監督の地位にあり、初の合衆国演奏旅行も指揮を勤めた（のちに終身名誉監督に就任）。バーンスタインの交響曲第一番『エレミア』では、旧約聖書の「エレミア哀歌」が歌われるし、交響曲第三番『カディッシュ』ではユダヤ教の死者の追悼のために歌われる祈りである「カディッシュ」が全面的に用いられている。ユダヤ人国家イスラエルへの強烈なコミットメントという観点からいうと、ロビンズもまた、イスラエルを訪問し振付を行うことを約束している。

そもそも、アメリカのショウビジネスや映画界には伝統的にユダヤ人が多い。ユダヤ系の代表的な映画人といえば、スティーブン・スピルバーグ、マイク・ニコルズ、ダスティン・ホフマン、ナタリー・ポートマン、サラ・ジェシカ・パーカーと枚挙に暇がない。ブロードウェイでも、アメリカン・ミュージカルの黄金時代を作り出した作曲家リチャード・ロジャースと作詞家オスカー・ハマースタイン二世のコンビをはじめとして、アーヴィング・バーリン、ジョージとアイラのガーシュウィン兄弟、ジェローム・カーン、ロレンツ・ハート、フレドリック・ロウ、アラン・ジェイ・ラーナー、ベティ・カムデン、アドルフ・グリーンといった錚錚たる面々がユダヤ系だ。

アメリカのショウビジネスや映画界には伝統的にユダヤ人が多いのは、一つには貧しい移民であることが多かったユダヤ人は職をえり好みすることができず、「やくざな」稼業であるショウビジネスに手を染めることが多かったということがある。また、アメリカにはピューリタニズムの伝統が今でも色濃く残っているが、一六四二年、ピューリタン革命勃発とともにロンドンの全劇場が閉鎖されたこともからもわかるように、ピューリタンたちは演劇を毛嫌いしていた。「贅沢は敵」と考える彼らにとって、生産にたずさわらずもっぱら消費する演劇とは忌むべきものであったのだ。一七〇六年にはニューヨークで、一七五〇年にはボストンで、演劇禁止令が出されたほどだ（常山三五）。ピューリタンたちが手を染めなかったので、新参者の移民であるユダヤ人たちが手を出しやすかったわけだ。

ではユダヤ系の作り手たちは、なぜ『イーストサイド物語』を作り替えて『ウェストサイド物語』にしたのだろうか。ユダヤ系だからこそ、ユダヤ教徒とキリスト教徒の対立は切実な問題として描くことができたのではないだろうか。

しかしながら、この作品でバーンスタインやロレンツは、ほかのユダヤ系の作り手と同様に、自らのユダヤ性を抹消することを選んだ。第四章でも言及したように、アンドレア・モストは、一九四〇年代後半以降のミュージカル作品に、それまでしばしば登場したユダヤ人が出てこなくなることを指摘している（27）。それは当時実施されていた移民に対する政府の同化政策にユダヤ系アメリカ人が賛同し、民族や人種の違いをことさらに際立たせずにみなが「一〇〇パーセント・アメリカ人」になる、という方向に誘導することが目指されたことが理由だというのがモストの主張だ。さらにまた、白人や黒人の間に根強くある反ユダヤ主義を刺激しないために「ユダヤ色」を出さない工夫が必要だったこと、とくにロジャース&ハマースタインのような、社会的地位と財産のあるユダヤ系アメリカ人にとって、特権階級に属しているという後ろめたさから、白人や黒人たちの嫉妬に対して正面切って反発しなかったことなどもあったと分析されている。

一九六〇年代以降、人々が人種・民族問題により意識的になるにつれ、ミュージカルにも人種・民族の問題が反映されるようになる。それでも、一九六四年九月初演の『屋根の上のバイオリン弾き』において、帝政ロシアで起きたポグロムによってアメリカに移民せざるを得なかったユダヤ人一家を描き、観客の関心をユダヤ人問題に向けながらも、原作であるショーレム・アレイヘムによる短篇小説『牛乳屋テヴィエ』で書かれている、シオニズムの影響でイスラエルに「帰国」するところは描かれない、という点に商業芸術であるミュージカルの限界が示されている。国なき民としてのユダヤ人がはじめて建国した近代国家としてのイスラエルの正当性を主張することは、イスラエルによるアラブ民族の弾圧を正当化することにつながり、議論を呼ぶ内容になってしまうからだ。ユダヤ系の舞台人・映画人にとって、自らのユダヤ性に言及することは現在でも諸刃の剣なのだから、一九五〇年代にはメリットよりもデメリットが大きく見えていたとしても不思議ではない。

4　プエルトリコやその人々は正しく表象されているか

黒人やユダヤ人のアメリカ社会における処遇をどのように描こうと論議を呼ぶ以上、商業演劇としての成功を追求しなければならないミュージカルがこれらの問題を取り上げるのにためらうというのは十分理解できることだ。『ウェストサイド物語』で描かれたマンハッタン在住のプエルトリカンの差別や貧困の問題は、こうした意味で「扱いやすい」ものだった。プエルトリカンたちが劣悪な環境にいることを批判的に描いても、誰からも文句をつけられないように思われるからだ。

ただし、実際には『ウェストサイド物語』についても文句は出ていた。一つは、「アメリカ」の歌詞とは違って、現在のプエルトリコでは熱帯性伝染病は蔓延していない、という医師の投書が初演直後『ニューヨーク・タイムズ』紙に掲載されたことだ。医師がほのめかしていることは、作り手たちがプエルトリコにたいして偏見を抱いているから、このような事実の歪曲がまかり通るのだ、ということだった。

このこと一つだけをとって、ユダヤ人の作り手たちはプエルトリコの問題を正確に理解していない、『ウェストサイド物語』は人種・民族問題を正当なかたちでとりあげていない、と批判することはできないだろう。ここで問われているのは、芸術作品はどこまで現実の素材に対して詩的想像力を許容しうるのか、という昔から問われてきた問題だからだ。とくに難しいのは、この作品のように「現実をリアルに描いている」と考えられれば考えられるほど、実際の現実との齟齬が指摘されるということだ。『ロミオとジュリエット』が史実に即していないと批判する人はいないけれど、

『ウェストサイド物語』がプエルトリコの現状を反映してないという批判は出てきてしまう。

しかしプエルトリカンではない俳優たちがプエルトリカンを演じている、という批判はどうだろうか。映画でマリアを演じたナタリー・ウッドはロシア系二世で、ベルナルドを演じたジョージ・チャキリスはギリシア系二世だった。アニタ役のリタ・モレノだけが、プエルトリコ生まれのニューヨーク育ちという「正しい」出自だった。映画のほうが多くの人の目に触れるので批判されがちだが、初演の舞台でマリアを演じたキャロル・ロレンスやベルナルドを演じたケン・リロイもアメリカ人だった。アニタ役のチタ・リヴェラはワシントン生まれだがプエルトリカン人で、かろうじて資格を満たしていると言える。

誰が誰を代表する／演じる（represent）のか、という問題は演劇上演だけではなく、間接民主主義を採用する近代国家にとって重要な意味をもっている。選挙結果や議席配分に民意が正しく反映されていない、と口にするとき、私たちは自分たちの意見を代表する（represent）人間が（十分な数だけ）いない、ということを言っているわけだ。『ウェストサイド物語』で、「本物」になりかわって演じる（represent）資格があるのはプエルトリカンである、という主張がなされるのも同じことだ。

しかしそんなことを言えば、プエルトリカンが英語だけを話す、というのもおかしな設定で、「正しく」プエルトリカンを表象している（represent）とは言えないわけだ。そのような批判を踏まえて、ロレンツが演出した二〇〇九年のブロードウェイ再演では二カ国語上演が試みられた。とはいえ、マリアのナンバーの「アイ・フィール・プリティ」はスペイン語で歌われる一方で、プエルトリカンたち全員のナンバーである「アメリカ」ではほぼ英語で通され、英語を話す観客に向けての上演ゆえの限界を示している。ちなみにマリア役のジョセフィーナ・スカリオーネはアルゼンチン人、アニタ役のカレン・オリヴォはドミニカ共和国、中国、プエルトリコ、ネイティブアメリカンの混血で、多国籍キャストとは言えるが、プエルトリカンがプエルトリカンを演じているわけではない。

5　一九五七年から一九六一年にかけてプエルトリコでは何が起きていたのか

国内最大の人種・民族問題である黒人問題や、当時の最大の民族紛争であったパレスチナ問題に直接つながるユダヤ人問題を取り上げることをせずに、比較的抵抗の少ないと思われたマンハッタンのプエルトリカンの問題を取り上げてお茶を濁しただけではなく、肝心のプエルトリカンたちのことも正確に表象しているとはいえないのだとしたら、『ウェストサイド物語』が人種・民族問題を正面切って取り上げているとは言えないのではないか、という疑問が生じる。しかし、最後に二つのことに注目して、やはりこの作品は人種・民族問題に焦点を当てているのだ、と主張したい。

そこでまず、なぜプエルトリコの女たちは『アメリカにいたい』のか、という本章のタイトルとなっている疑問に答えることにしよう。映画版『ウェストサイド物語』の「アメリカ」のナンバーで、なぜ女たちはアメリカにいたい、と声を揃えていうのか。舞台版ではこのような設定が使われていなかったことから、一九五七年から一九六一年にかけてプエルトリコで起きたことが影響していると考えられるが、それは何なのか。

それは、プエルトリコにおける不妊手術の常態化について、合衆国内で報道がされたことだった。プエルトリコでは、女性労働力の安定的確保および人口抑制を目的とした不妊手術が一九五〇年代以降急増していたが、一九六〇年一〇月、これを推進する与党人民民主党と反対するカトリック教会との対立が激化する。『ニューヨーク・タイムズ』をはじめとする合衆国の新聞もこの対立を取り上げた。

このような不妊手術の常態化の遠因として、一六世紀初頭にスペインの植民地となったプエルトリコが、一八九八年の米西戦争によって合衆国の自治領（Commonwealth）、実際には「属国」となっていったことが挙げられる。以下、簡単に年表にまとめてみよう。

一八六八年　初の独立蜂起
一八九八年　スペイン政府、プエルトリコの自治を認めるも、米西戦争により合衆国領に
一九一七年　ジョーンズ法によりすべてのプエルトリコ人に合衆国市民権が付与されるとともに徴兵対象となる。ただし合衆国大統領の選挙権は与えられない
一九四〇年　人民民主党の地滑り的勝利によりルイス・ムニョス・マリンが第四代上院議長に：「独立作戦」［免税や土地提供など有利な条件により合衆国企業を誘致して農業国から脱却し、工業化・観光立国を目指す］が開始
一九四六年　合衆国大統領の指名によりジーザス・ピネロ初のプエルトリコ知事に

一九四九年　ムニョス・マリン初の民選知事に、以降一六年政権を維持
一九五〇年　国民党指導者たちによりジャユヤなどで独立蜂起。合衆国は戒厳令を敷く
一九五二年　コモンウェルス（米国自治連邦区）となる：北マリアナ諸島（サイパン島など一四島）と同じ自治の形態、ムニョス・マリン再選
一九五六年　ムニョス・マリン三選
一九六〇年　ムニョス・マリン四選

多選によって独裁的傾向を強めるムニョス・マリン知事のもとでおこなわれた工業化政策の一環である「独立作戦」（Bootstrap Operation）によって、女性も重要な労働力とみなされるようになった。その一方で、人口爆発による貧困の拡大も懸念され、人口抑制のための適切な手段をとることが検討されるようになる。避妊薬の人体実験を行いたかった合衆国の製薬会社の意向もあり、一九五〇年代に不妊手術や避妊薬の使用が奨励された。こうした風潮がプエルトリコの社会で支配的になり、雇用継続のために不妊手術を受けることを要求する工場主もいて、一九六五年までにプエルトリカン女性の三五%が不妊手術を受け、その三分の二が二〇代だったという報告もある（Silliman 221）。

プエルトリコの女たちが「アメリカにいたい」のは、このほとんど強制ともいえる、「民族粛清的キャンペーン」から逃れるためではなかったのだろうか。だからこそ合衆国では「自由で誇りを持てる」と歌うのではないのだろうか。ソンダイムはこのことについて言及したことはないが、『ニューヨーク・タイムズ』紙の報道は目にしているはずだ。以下の表は『ニューヨーク・タイム

ズ』紙に見るプエルトリコにおける不妊手術・避妊の報道だ。

一九五五年五月一三日　プエルトリコ政府が家族計画や避妊のための助言を奨励するようになったことに対し、カトリック教会が反対のための国際会議を招集

一九五五年六月五日　プエルトリコの人口が激増し、合衆国への移民が増加したおり、出生率を抑制する必要がある

一九五九年一一月一日　一万人を対象とする避妊薬の試験と毎年一〇〇〇人の男女への不妊手術の実施にあたり、カトリック教会が反対するので困惑しているとの女性家族計画局長の談話を紹介

一九六〇年一〇月二三日　不妊手術を推進する人民民主党への投票ボイコットを呼びかけた三人の司教の行動について、ムニョス・マリン知事はバチカン当局へ抗議する予定

一九六〇年一〇月三〇日　カトリック司教らは与党の方針に強く抗議、ただし人民民主党の指導者たちの破門の可能性は否定

現在でもカトリック教会は生命保護の観点から妊娠中絶を認めていない。ちょうどソンダイムたちが映画版の準備を行っていた一九五九年から六〇年にかけて、プエルトリコでは避妊や不妊手術に反対するカトリック教会が政治に介入しようとして、国内を揺るがす問題に発展したものの、最

終的には両者の手打ちで終わる、という事態が起きて、合衆国でも報道された。なお、「民族粛清的キャンペーン」という表現は後年のフェミニストたちが貼ったレッテルだが、女性家族計画局長の談話を詳しく検討してみると、彼女は不妊手術や避妊は人口抑制のための適切な手段であると考えており、記者もこれがこれほど大きな政治問題に発展したことについて困惑しているのが見てとれる。当時の社会風潮を現代の基準から見て単純に批判することはできないかもしれないが、プエルトリカンの女性たちが合衆国で「自由で誇りを持てる」ようになったことは疑いがないようだ。

【註】

(1)『所見』(*Findings*)に再録されたバーンスタイン「『制作記録』抜粋」は、言葉の正確な意味での制作記録(log)ではなく、もともと『ウェストサイド物語』ブロードウェイ初演時パンフレット(Playbill)に掲載するためにバーンスタインが「大体の出来事の順番にゆるくもとづいた、作曲家の私的日誌を瞥見したように思えるよう作られた、でっち上げの、きわめて空想的なフィクション(invented and highly romanticized piece of fiction)」だとエリザベス・ウェルズは指摘している。

(2)ちなみに、ペックは黒人差別の問題を扱った『アラバマ物語』*To Kill a Mockingbird*(一九六二)でも主演している。後者は日本でも間もなく公開されたが、前者の問題はアカデミー作品賞を受賞したにもかかわらず、当時の日本人にとって微妙すぎて難しかったからだろうか、公開は一九八七年一〇月とずっと遅れた。

【引用文献】

"Vatican Will Get Protest by Munoz: Puerto Rico Governor Will Appeal Letter of Bishops After Election Day." *The New York*

Times, Oct 23., 1960.
Atkinson, Brooks. "Theatre: The Jungle of the City: 'West Side Story' at Winter Garden."" *The New York Times*, Sep. 27., 1957.
Bentley, Eric and Frank Rich, eds. *Thirty Years of Treason: Excerpts from Hearings before the House Committee on Un-American Activities, 1938-1968*. Nation Books, 2001.
Bernstein, Leonard. *Findings*. Simon and Schuster, 1982.
Bigart, Homer. "Puerto Rico Acts on Birth Control: Tests Designed to Reduce Population Crush-10,000 Poor Are in Program." *The New York Times*, Nov. 1., 1959.
Crowther, Bosley. "Musical Advance: The 'West Side Story' Expands on Screen." *The New York Times*. Oct. 22, 1961.
Frankel, Max. "Bishops' Attack on the Government Poses Test of Church's Influence in Catholic Island." *The New York Times*, Oct. 30, 1960.
Gruson, Sydney. "Puerto Rico Faces Mounting Exodus: Crowded Island Has Shortage of Jobs and Talk develops of Need to Curb Births." *The New York Times*, June 5, 1955.
—. "San Juan Talks Open on Birth Control: Theme Held Key to Caribbean Problems." *The New York Times*. May 13, 1955.
Laurents, Arthur. *Original Story By: A Memoir of Broadway and Hollywood*. Knopf, 2000.
Lawrence, Greg. *Dance with Demons: The Life of Jerome Robbins*. Berkley, 2001.
Most, Andrea. *Making Americans: Jews and the Broadway Musical*. Harvard UP, 2004.
Silliman, Jael, et al. *Undivided Rights: Women of Color Organize for Reproductive Justice*. South End Press, 2004.
Sondheim, Stephen. *Finishing the Hat: Collected Lyrics (1954-1981) with Attendant Comments Principles Heresies Grudges Whines and Anecdotes*. Knopf, 2010.
常山菜穂子『アメリカン・シェイクスピア　初期アメリカ演劇の文化史』。国書刊行会、二〇〇三年。
津野海太郎『ジェローム・ロビンスが死んだ　ミュージカルと赤狩り』。平凡社、二〇〇八年。
バーンスタイン、レナード、エンリーコ・カスティリオーネ『バーンスタイン　音楽を生きる』西本晃二、笠羽映子訳。一九九九年、青土社。

あとがき

『君はいい人、チャーリー・ブラウン』は、チャールズ・M・シュルツ『ピーナッツ』をもとに集団創作で台本が作られ、クラーク・ゲスナーが作詞・作曲を担当したミュージカルだ。合衆国では漫画を原作とするミュージカルがブロードウェイでロングランすることは難しく、この作品も例外ではない。オフ・ブロードウェイのシアター八〇で初演された際には一九六七年三月から一九七一年二月まで一五九七回の上演回数を誇った『君はいい人』だったが、一九七一年六月ブロードウェイのジョン・ゴールデン劇場での公演は一ヶ月足らずで終わってしまった。一九九九年二月四日に始まったブロードウェイのアンバサダー劇場での再演も、クリスティン・チェノウェスが演じたサリー・ブラウンが話題となったものの、半年持たず、六月一三日に終演となる。とはいえ、登場人数が六人と少ないことや舞台装置の簡便さゆえに『君はいい人』は学校ミュージカルの人気の定番となっている。

学生や生徒がこの作品を愛してきたのは、こんな場面があるからかもしれない。第一幕の幕切れ、学校の宿題で出された『ピーター・ラビット』の読書レポートでルーシーが四苦八苦しているのを尻目に、ライナスはすらすらと以下のような書き出しを仕上げて読み上げる。

『ピーター・ラビット』のような作品を検討する際、見かけは単純な筋立ての表面的特徴ゆえに、より深い動機からなる実質的構造に読者の目が向かなくなるようなことはあってはならない。このレポートで議論することを目論んでいるのは、それ以外の点では道徳的なウサギが、法律に違背すると自らはっきり認識している窃盗行為に手を染めるまでに大きな家族の圧力の社会的意味合いである。また私は、農夫と人道主義者という相反する役割におけるマクグレガーさんの人格についても探求したいと思っている。

大仰な言葉遣いも、表面と深層という安易な問題設定も、大学の文学の講義で課せられる期末レポートのパスティーシュになっている。いや、早熟な高校生であればこの程度のことは書けるかもしれない。いや、ひょっとしたら大学院生でも、研究者でも、結局はこの程度のことしか書いていないのではないか。そんな不安を抱かせるほどによくできている。

なかでもポピュラー・カルチャーの研究者には耳が痛い。「見かけは単純な筋立て」における「より深い動機からなる実質的構造」に注意を払おうとは、ポピュラー・カルチャー研究の初発的衝動をうまく表しているともいえるが、使われ過ぎた陳腐な手法でもある。なによりも、立派な教養を身につけ高尚な芸術を愛する自分たちがポピュラー・カルチャーを取り上げるのはその深層構造ゆえだとは、アカデミシャンたちがいかにも言いそうな口吻ではないか。

「一九九〇年代に始まり、新世紀の最初の一〇年にかけて相当な勢いで加速しながら、舞台と映画のアメリカン・ミュージカル研究は急速に正統な研究分野（a legitimate field）に成長した」とステイシー・ウルフはいささか勝ち誇った調子で書いている。なるほど、アカデミズムの制度としてのアメリカン・ミュージカル研究はまだ歴史が浅い。一九八〇年代に映画研究のジャンル論の一つとして映画ミュージカルの研究がはじまり、ジェーン・フュアー『ハリウッド・ミュージカル』（一九八二）初版、リック・アルトマン『アメリカン・フィルム・ミュージカル』（一九八九）などに結実した。音楽学がそれに続き、ジョゼフ・スウェイン『ブロードウェイ・ミュージカル　批評的・音楽学的概説』初版（一九九〇）やジェフリー・ブロック『魅惑の宵』（一九九七）初版などが刊行された。文化研究の観点からミュージカル研究に注目する動向もまた比較的初期からあった。ロバート・ローソン＝ペブルズが編集した『アメリカン・ミュージカルへのアプローチ』（一九九六）がその例だ。さらにクイア研究も加わって、ジョン・M・クラム『サムシング・フォー・ザ・ボーイズ』（一九九九）やD・A・ミラー『プレイス・フォー・アス』（二〇〇〇）が刊行され、各分野の相互乗り入れによるアメリカン・ミュージカル研究が本格化した。演劇研究者がウルフ『ア・プロブレム・ライク・マリア』（二〇〇二）などで参入したのは比較的遅かったといえるだろう。

しかしながら、リーマン・エンゲル『アメリカン・ミュージカル・シアター　ある考察』（一九六七）、スコット・ミラー『『アサッシン』から『ウェストサイド物語』まで』（一九九六）などの現場にいる人々による考察、マーティン・ボードマンの『アメリカン・ミュージカル・シアター：年代記』（一九七八）をはじめとする一連の著作、リチャード・キスラン『ミュージカル』初版（一九八〇）やイーサン・モーデンの『ベター・フット・フォーワード』にはじまる一連の著作のように、大学や研究所に所属してない人々の歴史や批評は随分昔からあった。一九九〇年代以降、アメリカン・ミュージカル研究は、質的な向上と量的な拡大を示しているけれど、それは前記のような先人たちの蓄積があったからだ。

私がミュージカル研究を志したのはニューヨーク市立大学大学院での留学を終えて帰国し、成蹊大学で禄を食むようになった二年目の二〇〇〇年からなので、アカデミズムのミュージカル研究に勢いが出てきたと感じるにはまだタイムラグがあった。私が当初面白いと思って貪るように読んだのは、スコット・ミラーであり、モーデンだったし、大学のゼミで教えるようになってテクストとして使ったのはキスランだった。ミュージカル公演のチケットは高いので、学生をしょっちゅう舞台に連れていくわけにはいかない。いきおい映画ミュージカルを扱うことが多くなり、フュアー(の改訂版)やスティーヴン・コーハン『ハリウッド・ミュージカル　映画読本』を繙きながら映画史・映画理論についても学んでいった。留学時にはダニエル・ジェラルド、マーヴィン・カールソン両教授のもとで演劇理論をおもに学んできたから、黄金期ミュージカルの分析には統合が鍵になる、と自分なりにあたりをつけることはできていたけれど、統合の原理についての議論がここまで盛り上がるとは思ってもいなかった。

最近では日本でもアメリカン・ミュージカルの研究をもっぱらとする若い学徒も増えてきて、そういう人たちからはレイモンド・ナップやブロック、ウルフの名前を聞くことが多くなってきた。ナップの二巻本『アメリカン・ミュージカルと国家アイデンティティの形成』(二〇〇五)『アメリカン・ミュージカルと個人のアイデンティティのパフォーマンス』(二〇〇六)はたしかにアメリカン・ミュージカル研究の時代が本格的に到来したことを思わせたけれど、私としては、あまりその名前を聞かないクラムもモーデンもボードマンも面白いよ、と小声で言いたくなる。

そう、私がミュージカル研究を始めたときは、まだまだ未踏の地が多かったので面白かった。留学していたときは、パフォーマンス・スタディーズの全盛期が続いており、第一世代に続く第二世代が論文や書籍をさかんに発表しかけていた時期だったが、私は辟易していた。「見かけは単純な筋立ての表面的特徴ゆえに、より深い動機からなる実質的構造に読者の目が向かなくなるようなことはあってはならない」式の決まり文句が横行し、取り上げる題材はさまざまでも、切り口は同じで、結論は見え見えだったからだ。私は敢えてパフォーマンス・スタディーズに背を向け、古代ギリシアからの演劇理論と演劇史を学ぶことに没頭していたが、その一方でポピュラー・カルチャーとしての演劇研究の可能性をずっと探っていた。帰国して古巣の東京大学総合文化研究科の助手になると、佐藤良明先生が当時やっていたポピュラー音楽の輪講で、ミュージカルのナンバーについて話せと言われた。日本にいる間からミュージカルは好きだったので引き受けて、話し終えたときに天啓が訪れた。あ、ミュージカル研究をやればいいのか。

そんなわけで二〇年ミュージカル研究をやってきた。そしてようやく単著を出しても許してもらえるかな、と思える頃になって、既視感を覚えるようになった。現在アカデミズムのミュージカル研究を牽引してきたナップやウルフらの研究者は軒並み六〇〜七〇代になっており、第二世代が育ちつつある。彼ら彼女たちの書くものが読めるようになって、再び「見かけは単純な筋立ての表面的特徴ゆえに、より深い動機からなる実質的構造に読者の目が向かなくなるようなことはあってはならない」式の決まり文句が目に入るようになった。合衆国のアカデミズムは貪欲だ。未踏の地に分け入ってあっという間に地図を作成し、一〇〇年も二〇〇年も前からそこに住んでいたような顔をして居座る。新参者は、本当はたかだか三〇年ぐらいしか住んでいない「古顔」に教えを乞い、古顔の教えるしきたり通りに暮らしていかねばならない。そういう意味では新参者も大変なのだが、つまらないものはつまらない。

合衆国のアカデミズムが猛威をふるう勢力圏とつかず離れずの地である日本にいつつ、自分より一〇ほど年上の第一世代のミュージカル研究者たちと併走して来た、と勝手に思い込んでいる私としては、第一世代が敬意を払ってきた非アカデミズム系の研究者・批評家たちと連帯し、第一世代のミュージカル研究者が見落としてきた（と思われる）いくつかの指摘をすることがこの二〇年の課題だった。本書はその成果であるが、その評価は読者のみなさんの手に委ねられている。一般読者はもちろん、百戦錬磨の研究者にも「面白い、それは気づかなかった」と言ってもらえるかどうかが私にとってよい研究の証である。

最後になるが、本書の刊行にあたっては多くの人のお世話になり、またご迷惑をおかけした。まず、本書は成蹊大学の学術出版助成を受けている。深い感謝を捧げる。次に、編集者の菱沼達也さんには原稿の遅れなどでご心配をおかけした。お詫びをするとともに、編集刊行にあたってのさまざまな心遣いにもお礼を申し上げたい。またこの原稿の半分以上は下河辺美知子・成蹊大学名誉教授の在職時にはじまった、足掛け九年間におよぶ三つの連続する共同研究プロジェクトの成果論集として出版されたものをもとにしている。下河辺さんからはつねに刺激を与えられてきた。日比野は日本演劇のことばかりやっているといつも怒り、合衆国の文化研究があなたの本業でしょうと何度も脅された。そんなの当たり前ですよ、と私も口先だけは達者だったが、だったら証拠を見せろ、との言葉には一言もなかった。ようやく証拠が出せるようになりました。下河辺さん、あなたのおかげです。

最後に、しかし決して最小にではなく、この二〇年にわたるゼミや講義の履修者のみなさんにも感謝の意を捧げたい。ひとに教えながら自分が学ぶ、とは教員の誰しもが経験していることだが、生来怠け者の私は明日ゼミや講義で話さなければならないというプレッシャーがなければここまで勉強してこなかったかもしれない。それに、第七章「なぜプエルトリコの女たちは「アメリカにいたい」のか」で論じた、一九五七年から六一年にかけてプエルトリコにおいて不妊手術が常態化し、その非人道性が合衆国でも報道されたという事実はかつてのゼミの学生の髙橋（旧姓・熊田）美和子さんが見つけて教えてくれたものだ。髙橋さんにはとくに感謝したい。

二〇二〇年一月

【引用文献】

Altman, Rick. *The American Film Musical.* 1st ed., Indiana UP, 1987.
Block, Geoffrey. *Enchanted Evenings: The Broadway Musical from* Show Boat *to Sondheim.* 1st ed., Oxford UP, 1997.

Bordman, Gerald. *American Musical Theatre: A Chronicle.* 1st ed. Oxford UP, 1978.
Clum, John M. *Something for the Boys: Musical Theater and Gay Culture.* St. Martin Press, 1999.
Cohan, Steven, editor. *Hollywood Musicals, The Film Reader.* Routledge, 2002.
Engel, Lehman. *The American Musical Theatre: A Consideration.* Macmillan, 1967.
Feuer, Jane. *The Hollywood Musical.* 1st ed., Indiana UP, 1982.
Kislan, Richard. *The Musical: A Look at the American Musical Theater.* Prentice-Hall, 1980. Rev. ed., Applause Books, 1995.
Knapp, Raymond. *The American Musical & the Formation of National Identity.* Princeton UP, 2005.
—. *The American Musical and the Performance of Personal Identity.* Princeton UP, 2006.
Miller, Scott. *From Assassins to West Side Story: The Director's Guide to Musical Theatre.* Heinemann, 1996.
Mordden, Ethan. *Better Foot Forward: The History of American Musical Theatre.* Grossman Publishers, 1976.
Swain, Joseph P. *The Broadway Musical: A Critical and Musical Survey.* 1st ed., Oxford UP, 1990.
Wolf, Stacy. *A Problem Like Maria: Gender and Sexuality in the American Musical.* U of Michigan P, 2002.

初出一覧

序章：書き下ろし

第一章：『アメリカン・マインドの音声——文学・外傷・身体』（小鳥遊書房、二〇一九年）

第二章：『Facets of English——英語英米文学研究の現在』（風間書房、二〇一九年）

第三章：『アメリカン・ヴァイオレンス——見える暴力・見えない暴力』（彩流社、二〇一三年）

第四章：『アメリカン・テロル——内なる敵と恐怖の連鎖』（彩流社、二〇〇九年）

第五章：『文化現象としての恋愛とイデオロギー』（風間書房、二〇一七年）

第六章：『アメリカン・レイバー——合衆国における労働の文化表象』（彩流社、二〇一七年）

第七章：『二〇〇九年度成蹊大学公開講座講演録』（成蹊大学、二〇一〇年）

索引

著者　日比野啓（ひびの・けい）

1967年福岡生まれ。成蹊大学文学部教授。ニューヨーク市立大学大学院演劇学科単位取得修了。東京大学大学院総合文化研究科助手、成蹊大学文学部講師、同准教授を経て現職。専門はアメリカ演劇・日本近現代演劇を中心とする演劇史・演劇批評。本書が初の単著となる。主な編著に『Facets of English——英語英米文学研究の現在』（風間書房、2019年）、『戦後ミュージカルの展開』（森話社、2017年）、『アメリカン・レイバー——合衆国における労働の文化表象』（彩流社、2017年）。主な共著に『文化現象としての恋愛とイデオロギー』（風間書房、2017年）、『演劇のジャポニスム』（森話社、2017年）。主な訳書にマイク・デイヴィス『要塞都市LA　増補新版』（青土社、2008年）。

アメリカン・ミュージカルとその時代

2020年3月20日　第1刷印刷
2020年3月30日　第1刷発行

著者——日比野 啓

発行人——清水一人
発行所——青土社

〒101-0051　東京都千代田区神田神保町1-29　市瀬ビル
［電話］03-3291-9831（編集）　03-3294-7829（営業）
［振替］00190-7-192955

印刷・製本——シナノ印刷

装幀——今垣知沙子

ISBN978-4-7917-7261-2　C0074